Rolf Krenzer
Voll Freude ist das ganze Haus

Neuausgabe

Rolf Krenzer

Voll Freude ist das ganze Haus

Neuausgabe

Kinderlieder
und Krippenspiele
zur Advents- und Weihnachtszeit.
Mit den Liedern und Spielen aus
„Wir feiern den Advent“

Herder
Freiburg · Basel · Wien

Voll Freude ist das ganze Haus

und

Wir feiern den Advent

In mehr als achtzig Liedern, Spielliedern und Krippenspielen wird von dem erzählt, was die Advents- und Weihnachtszeit so besonders erlebnisreich macht: Frohe und nachdenkliche Lieder, von denen viele bereits im Kindergarten in ein Spiel umgesetzt werden können, andere aber auch in der Familie und mit Erwachsenen gerne gesungen werden. Also eine Sammlung neuer weihnachtlicher Lieder, die jedem, der sich mit ihr beschäftigt, neue Anregungen bringt und ihn geradezu dazu auffordert, dieses oder jenes Lied in der Arbeit mit Kindern oder für sich selbst zu entdecken.
In der ersten Abteilung von Teil 1 werden unter dem Titel „Wenn unsre Kerze brennt" Adventslieder angeboten, die von der vorweihnachtlichen Freude, von den Erwartungen und von der Hoffnung erzählen. Daneben stehen aber auch Schilderungen kleiner Erlebnisse, wie sie wohl jeder von uns irgendwann vor Weihnachten einmal haben kann: Nöte mit dem Wunschzettel finden ebenso Berücksichtigung wie das geheimnisvolle Umgehen mit Weihnachtspäckchen und Weihnachtswünschen. Danach folgen Lieder und Spiele, die sich mit den Vorboten des Weihnachtsfestes befassen. Den größten Raum nehmen neue Nikolauslieder ein, wobei auch ein Lied davon erzählt, wie es zu dem gefüllten Sack und den Schuhen vor der Tür der Legende nach gekommen ist. Diese Legende (Voll Freude ist das ganze Haus) läßt sich sogar in ein kleines Musikspiel umsetzen.
Einen breiten Raum nehmen Krippenspiele ein, nach denen Jahr für Jahr immer wieder gesucht wird. Der besondere Reiz der hier vorgestellten Spiele liegt darin, daß jedes einzelne Lied des jeweiligen Spiels für sich allein besteht, daß aber aus den ganz unterschiedlichen, auch unterschiedlich schwierigen Angeboten, ein Krippenspiel entstehen kann, das sich aus mehreren Teilen zusammensetzt und – wie beispielsweise „Das kleine Krippenspiel" oder „Die Weihnachtsgeschichte" – spontan mit einer Gruppe oder auch in einer Feier erspielt werden kann. Das Lied: „Hört ihr alle Glocken läuten" läßt sich bereits mit Drei- bis Vierjährigen gestalten, macht aber – gerade, weil es so einfach ist – auch in der Grundschule ebensoviel Freude. Es ist ein Spiellied, das ebenso wie die Lieder der Weihnachtsgeschichte in kürzester Zeit weite Verbreitung gefunden hat und immer wieder neue Gestaltungsmöglichkeiten findet. Eines der wichtigsten Lieder dieser Abteilung dürfte das Wiegenlied „Kleines Kind im Stroh" sein, weil es über Weihnachten hinaus auf Ostern hinweist.
Die vierte Abteilung stellt einige Legenden-Lieder vor, die alle in ein Spiel umgesetzt werden können. Neben dem Kreisspiel bieten sich hierfür viele weitere Formen an, z.B. Schattenspiel, Menschenschattenspiel, Spiel mit Stabpuppen usw.
Alle Lieder werden wohl vorwiegend in der Vorweihnachtszeit gesungen.
Teil 2 bringt neue Lieder, Spiele, Geschichten und Rätsel für den Advent und die Zeit bis Dreikönig. Die Dialoge, die diese Lieder und Texte verbinden, sollen dazu anregen, über den jeweiligen Text hinaus weiterzudenken und zu Gesprächen anzuregen, die Kindern neu erschließen, was Advent feiern auch in unserer Zeit bedeuten kann.
Mein Wunsch ist, daß alle, die sich mit dieser Liedersammlung befassen, darin etwas finden, was ihnen gefällt; und daß sie beginnen, allein und mit anderen, zu singen, zu spielen und zu musizieren.

Viel Freude dabei wünscht
Rolf Krenzer

Die Rechte der Lieder Nr. 3, 8, 9, 17, 18, 19, 24, 36, 37, 41, 67 liegen beim Menschenkinder Verlag, 48157 Münster. Sie wurden dem Liederheft „Weihnachten ist nicht mehr weit. Neue Advents- und Weihnachtslieder von Rolf Krenzer und Detlef Jöcker", Menschenkinder Verlag, Münster 1986, entnommen.

Notengrafik: Herbert Ring, Wolfgang Hanns, Musikbär Verlag
Zeichnungen: Dagmar Domina, Dillenburg
Einbandgestaltung: Hans-Peter Kern, Sölden

Printed in Germany

Herstellung: Freiburger Graphische Betriebe 1994
ISBN 3-451-23108-5

Inhalt

Teil 1: Voll Freude ist das ganze Haus

Lieder, die speziell für diese Sammlung neu entstanden sind, werden wie folgt bezeichnet:
* auf MC aufgenommen:
„Dann fängt Weihnachten an"
** auf MC aufgenommen:
„Wir feiern den Advent"
Erhältlich bei Musikbär Verlag P. G. Walter, Eichenweg 15a, 69118 Schriesheim

[1] Das Spiellied „Sieben Hirten schlafen" (**29**/46) ist für die Allerjüngsten im Verlag Echter, Würzburg, als Bilderbuch erschienen unter dem Titel: „Ihr Hirten, lauft zum Stall" von Rolf Krenzer und Heinrich Euler.

Teil 2: Wir feiern den Advent

Alle Lieder des Teil 2 sind auch als MC „Wir feiern den Advent“ aufgenommen und erhältlich bei Musikbär Verlag P. G. Walter, Eichenweg 15a, 69118 Schriesheim

Alphabetisches Verzeichnis nach Titel und Liedanfängen

Teil 1

Voll Freude ist das ganze Haus

1. Abteilung: Wenn unsre Kerze brennt

Lieder im Advent
Wir warten auf Weihnachten

Wir zünden eine Kerze an

Text: Rolf Krenzer *Melodie: Siegfried Fietz

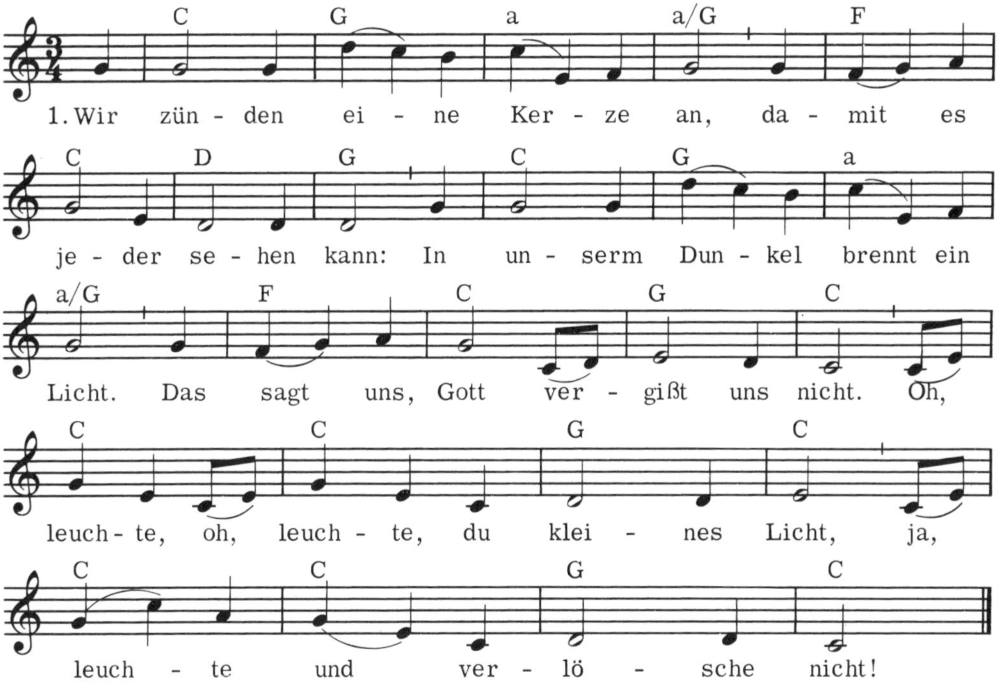

1

2. In dunkler, kalter Winternacht
ist dieses kleine Licht erwacht.
Es sagt uns allen: Seid bereit,
denn Weihnachten ist nicht mehr weit.
Oh, leuchte, oh, leuchte, du kleines Licht,
ja, leuchte und verlösche nicht!

3. In unsre Welt voll Angst und Leid
schickt Gott den Herrn der Herrlichkeit.
So liegt im Stroh sein armes Kind,
damit wir nicht verloren sind.
Drum leuchte, oh, leuchte, du kleines Licht,
ja, leuchte und verlösche nicht!

Das Licht einer Kerze

Text: Rolf Krenzer *Melodie: Peter Janssens

2

2. Wir zünden zwei Kerzen
jetzt am Adventskranz an.
Und die beiden Kerzen
sagen's allen dann:
Laßt uns alle hoffen
hier und überall,
hoffen voll Vertrauen
auf das Kind im Stall.

3. Es leuchten drei Kerzen
so hell mit ihrem Licht.
Gott hält sein Versprechen:
Er vergißt uns nicht.
Laßt uns ihm vertrauen
hier und überall.
Zeichen seiner Liebe
ist das Kind im Stall.

4. Vier Kerzen hell strahlen
durch alle Dunkelheit.
Gott schenkt uns den Frieden.
Macht euch jetzt bereit:
Gott ist immer bei uns,
hier und überall.
Darum laßt uns loben
unsern Herrn im Stall!

Im Advent, im Advent

Text: Rolf Krenzer *Melodie: Detlef Jöcker

3

2. Im Advent, im Advent
ist das Licht erwacht,
und es leuchtet, und es brennt
durch die dunkle Nacht.
Seid bereit! Seid bereit!
Denn der König des Friedens
ist nicht mehr weit.
Seid bereit! Seid bereit!
Ja, der König des Friedens,
der uns befreit.

3. Im Advent, im Advent
ist das Licht erwacht,
und es leuchtet, und es brennt
durch die dunkle Nacht.
Seid bereit! Seid bereit!
Gottes Sohn, unser Bruder,
ist nicht mehr weit!
Seid bereit! Seid bereit!
Gottes Sohn, unser Bruder,
der uns befreit.

4. Denn es geht im Advent
um ein heller Schein.
Wenn er leuchtet, wenn er brennt,
wird er in uns sein.
Nicht mehr weit! Nicht mehr weit!
Gottes Kind in der Krippe,
das uns befreit.
Nicht mehr weit! Nicht mehr weit!
Gottes Kind in der Krippe!
Drum seid bereit!

Adventslied

Text: Rolf Krenzer *Melodie: Ludger Edelkötter

4

2. Wir machen uns bereit,
   jetzt für die Weihnachtszeit.
   Als Gottes Sohn zur Welt gebracht
   in einer dunklen Nacht.
   Wir machen uns bereit.
   Wir machen uns bereit.

3. Da kam das Licht herein,
   zu uns mit seinem Schein.
   Wir freu'n uns, wenn die Kerze brennt,
   und feiern den Advent.
   Wir feiern den Advent.
   Wir feiern den Advent.

Die im Dunkeln stehn

Text: Rolf Krenzer *Melodie: Kristina Krenzer

(Kanon für zwei Stimmen)

5

Licht auf meinem Weg

Text: Rolf Krenzer *Melodie: Detlef Jöcker

(Kanon für vier Stimmen)

6

Gott zündet ein Licht an

(Kanon für vier Stimmen)

Text: Rolf Krenzer *Melodie: Peter Janssens

7

Laßt euch anstiften

Text: Rolf Krenzer *Melodie: Detlef Jöcker

8

2. Laßt euch anstiften zur Hoffnung!
Laßt uns Hoffnungsstifter sein!
Und es finden hier und heute
viele Leute
wieder Hoffnung,
und kein Mensch ist mehr allein,
denn Gott selbst wird bei uns sein.
Halleluja ...

3. Laßt euch anstiften zum Frieden!
Laßt uns Friedensstifter sein!
Und es finden hier und heute
viele Leute
wieder Frieden,
und kein Mensch ist mehr allein,
denn Gott selbst wird bei uns sein.
Halleluja ...

4. Stiftet an mit hellem Leuchten!
   Tragt es in die Welt hinein.
   Als das Kind im Stall geboren
   so verloren,
   kam ein Leuchten
   mit ihm in die Welt herein,
   denn Gott selbst wird bei uns sein.
   Halleluja ...

5. Laßt euch anstiften zur Liebe,
   denn dann findet Frieden statt.
   Weil im Stall das Kind, das kleine,
   ganz alleine
   zu der Liebe
   alle angestiftet hat.
   Und so findet Frieden statt.
   Halleluja ...

Wir gehen in einem großen Kreis oder mehreren zur ersten Strophe langsam herum. In der Mitte steht eine große Kerze oder so viele Kerzen, daß später jedes Kind/Teilnehmer eine hat. Eine Kerze brennt.
Zur ersten Strophe halten wir uns an den Händen.
Zur zweiten Strophe halten wir die Hände angefaßt hoch.
Zur dritten Strophe legen wir unseren Nachbarn die Arme über die Schultern, so daß wir ganz eng beeinander sind.

Zur ersten Strophe reichen wir entweder die eine Kerze behutsam herum, so daß sie jeder einmal in der Hand hält. Wenn wir mehrere Kerzen zur Verfügung haben, zünden wir sie an der großen Kerze an und reichen sie weiter, so daß am Ende jeder eine brennende Kerze hat.
Die letzte Strophe kann dazu wiederholt gesungen werden.

Weihnachten ist nicht mehr weit

Text: Rolf Krenzer *Melodie: Detlef Jöcker

9

2. Schneidern, hämmern, basteln
überall im Haus.
Man begegnet hin und wieder
schon dem Nikolaus.
Ja, ihr wißt Bescheid!
Macht euch jetzt bereit:
Bis Weihnachten,
bis Weihnachten
ist nicht mehr weit!

3. Lieb verpackte Päckchen
überall versteckt,
und die frisch geback'nen Plätzchen
wurden schon entdeckt.
Heute hat's geschneit!
Macht euch jetzt bereit:
Bis Weihnachten,
bis Weihnachten
ist nicht mehr weit!

4. Menschen finden wieder
füreinander Zeit.
Und es klingen alte Lieder
durch die Dunkelheit.
Bald ist es so weit!
Macht euch jetzt bereit:
Bis Weihnachten,
bis Weihnachten
ist nicht mehr weit!

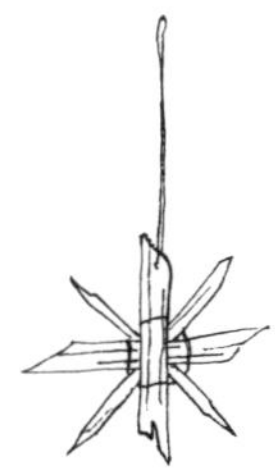

Neunundneunzig Weihnachtsplätzchen

Text: Rolf Krenzer *Melodie: Frank Stieper

10

Neunundneunzig Weihnachtsplätzchen,
ach, es ist ein Jammer,
waren nicht im Küchenschrank
und der Speisekammer.

Neunundneunzig Weihnachtsplätzchen
waren nicht im Keller.
Neunundneunzig Weihnachtsplätzchen
fehlen auf dem Teller.

‖: Neunundneunzig Weihnachtsplätzchen
in Verenas Magen!
Und sie hat, glaubt's oder nicht,
alle gut vertragen! :‖

Was schenk ich dir zu Weihnachten?

Text: Rolf Krenzer *Melodie: Paul G. Walter

11

2. Für Oma und für Onkel Klaus,
für Mutti und Papa
gab ich mein Taschengeld schon aus,
und jetzt ist nichts mehr da.
Für Opa bastelte ich dann
'ne Kerze, die auch brennt.
Das einz'ge, was ich basteln kann.
Mir fehlt halt das Talent.

3. Jetzt steh ich da und frage mich:
Was könnt's für dich nur sein?
Was Schönes hätt ich gern für dich,
doch mir fällt nichts mehr ein.
Weil ich dich ganz besonders mag,
möcht ich dich gern erfreun.
Drum soll's zu diesem Weihnachtstag
was ganz Besondres sein.

4. Doch als ich heute aufgewacht,
da hatt ich's endlich raus:
Am Weihnachtsmorgen gegen acht
steh ich vor deinem Haus.
Ich rufe: „Hallo, ich bin hier!"
Ich klingel an der Tür
und bleib den ganzen Tag bei dir!
Dann hast du was von mir!

Schluß-Refrain:
Das schenk ich dir zu Weihnachten,
weil das dir Freude macht!
Das hätt'st du dir zu Weihnachten
bestimmt nicht ausgedacht!

Das Wunschzettellied

Text: Rolf Krenzer *Melodie: Paul G. Walter

12

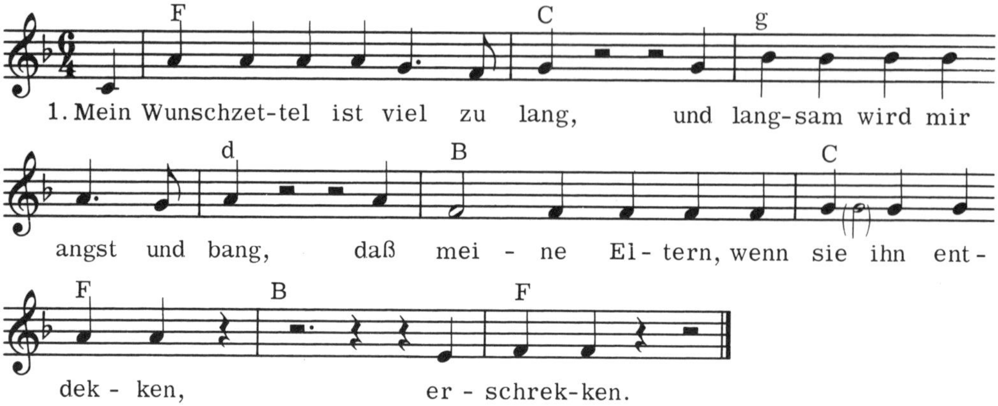

2. Ich hole meinen Bleistift her
und streiche aus. Das fällt mir schwer.
Auf manchen Wunsch kann ich nun mal
mitnichten
verzichten.

3. Mein Wunschzettel ist noch zu lang,
und wieder wird mir angst und bang.
Ich müßt mich, wenn die Eltern dann
ihn nehmen,
noch schämen.

4. Ich hole meinen Bleistift her
und streiche aus jetzt kreuz und quer.
So manches ist, so stelle ich
jetzt richtig,
nicht wichtig.

5. Mein Wunschzettel ist noch zu lang.
Und wieder wird mir angst und bang.
Was sollen meine Eltern dann
nur denken
und schenken?

6. Da werfe ich den Zettel fort
und schreib nichts mehr, kein einz'ges Wort.
Sie werden schon an irgendwas
dran denken
und schenken.

7. Ich wünsch mir überhaupt nichts mehr.
Wie fällt das Warten jetzt so schwer,
wenn alle ein Geheimnis draus
jetzt machen
und lachen.

Das Weihnachtspäckchen

Text: Rolf Krenzer *Melodie: Paul G. Walter

13

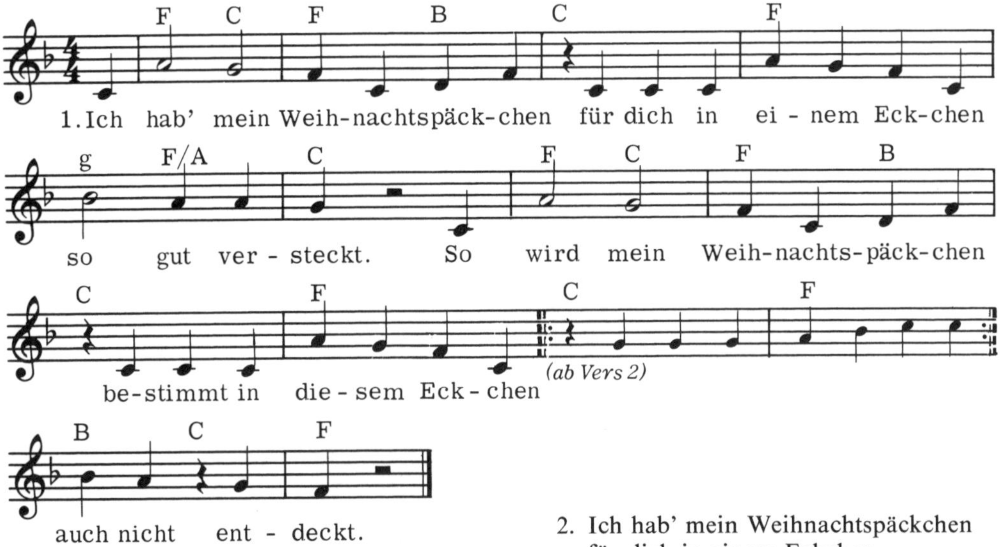

2. Ich hab' mein Weihnachtspäckchen
für dich in einem Eckchen
so gut versteckt.
Ich steckt' es in ein Säckchen.
So wird mein Weihnachtspäckchen
bestimmt in dem Versteckchen
auch nicht entdeckt.

3. Ich hab' mein Weihnachtspäckchen
für dich in einem Eckchen
so gut versteckt.
Ich wickelt's in ein Deckchen
und steckt' es in ein Säckchen.
So wird mein Weihnachtspäckchen
bestimmt in dem Versteckchen
auch nicht entdeckt.

4. Nun krieg' ich doch ein Schreckchen!
Ich hab' dein Weihnachtspäckchen
zu gut versteckt.
Ich wickelt's in ein Deckchen
und steckt' es in ein Säckchen.
Ich such dein Weihnachtspäckchen,
ich such' in jedem Eckchen
und habe das Versteckchen
nicht mehr entdeckt.

Das Lied vom Wichteln vor Weihnachten

Text: Rolf Krenzer *Melodie: Frank Stieper

14

2. Und kommst du in den Gruppen-(Klassen-)
raum,
da liegt auf deinem Tisch
ein Tannenzweig mit einem Licht,
und der ist auch für dich.
Du wunderst dich und siehst dann auch,
daß da ein Zettel hängt:
Nun rate, lieber Valentin,
wer heute an dich denkt.
Refr.: Das ist der Weihnachtswichtel …

3. Am Freitagnachmittag um fünf,
da klingelt es bei dir.
Du öffnest. Es ist keiner da.
Ein Brief liegt vor der Tür.
Ein Brief mit einem schönen Bild,
an dem ein Zettel hängt:
Nun rate, lieber Valentin,
wer dir das heute schenkt.
Refr.: Das ist der Weihnachtswichtel …

4. Da überlegst du hin und her.
Wer mag denn das nur sein?
Und wen du fragst, der lächelt nur
und sagt bedauernd: „Nein!"
Vielleicht könnt es der Carsten sein,
auch Markus oder Klaus,
die Steffi oder Ann-Katrein.
Du findest nichts heraus.
Refr.: Das ist der Weihnachtswichtel …

5. Du weißt nur, daß der Thomas auch
genau so ratlos ist.
Er merkt beim besten Willen nicht,
daß *du* sein Wichtel bist.
Erst heute hat der Thomas dich
schon wieder mal gefragt.
„Das kommt erst Weihnachten heraus!"
hast du ihm da gesagt.
Refr.: Das ist der Weihnachtswichtel …

Leise, seid doch leise

Text: Rolf Krenzer *Melodie: Frank Stieper

15

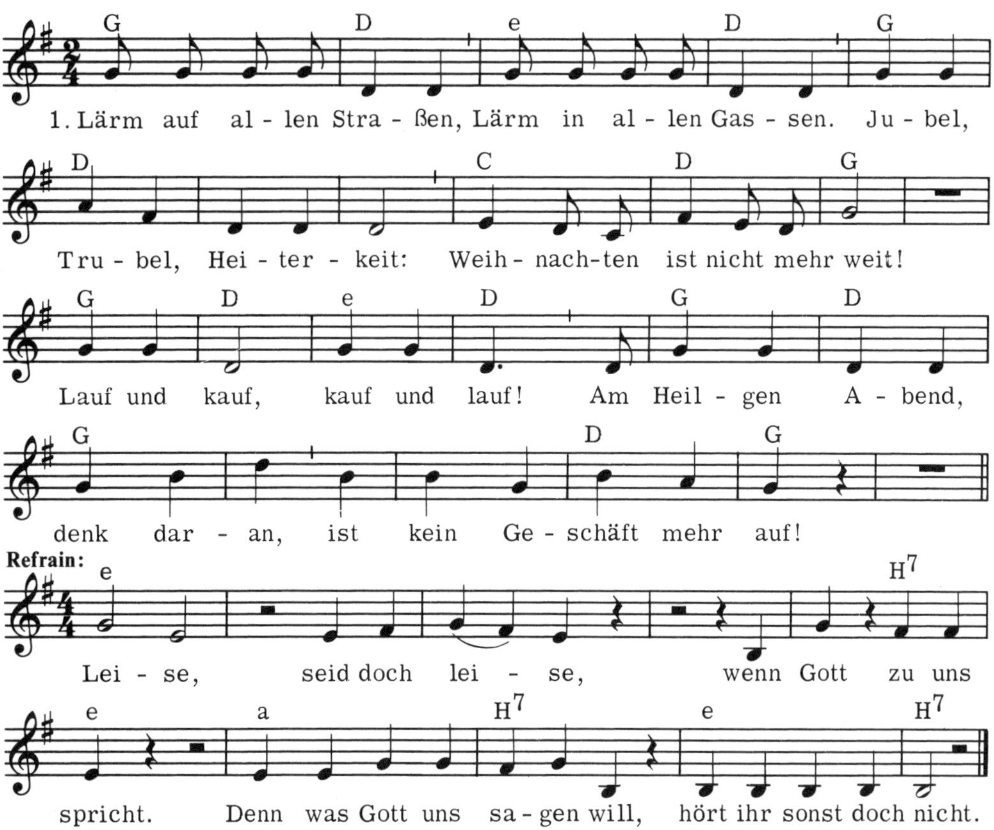

2. Alle Leute laufen,
kaufen und verkaufen.
Eile, Hast, Geschäftigkeit:
Weihnachten ist nicht mehr weit!
Lauf und kauf,
kauf und lauf!
Am Heil'gen Abend, denk daran,
ist kein Geschäft mehr auf!

Refr.: Leise, seid doch leise ...

3. Jetzt an andre denken!
Jedem auch was schenken!
Hektik, Streß und keine Zeit:
Weihnachten ist nicht mehr weit!
Lauf und kauf,
kauf und lauf!
Am Heil'gen Abend, denk daran,
ist kein Geschäft mehr auf!

Refr.: Leise, seid doch leise ...

4. Und der Weihnachtsbraten
soll doch auch geraten.
Vorbestellung! Höchste Zeit!
Weihnachten ist nicht mehr weit!
Lauf und kauf,
kauf und lauf!
Am Heil'gen Abend, denk daran,
ist kein Geschäft mehr auf!

Refr.: Leise, seid doch leise ...

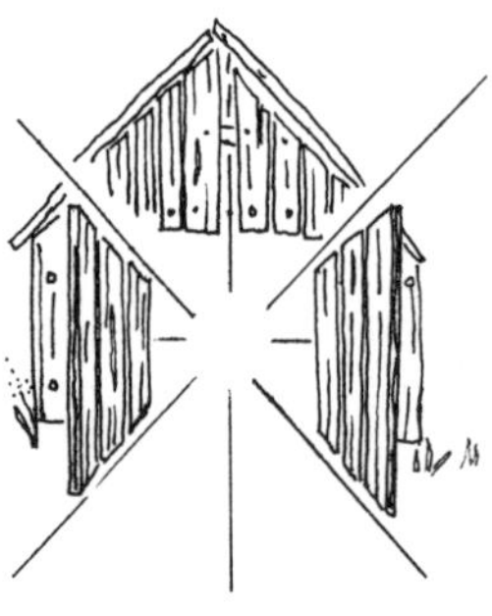

5. Einst vor vielen Jahren
hat's die Welt erfahren:
In dem Stall in tiefer Nacht
wurd' das Kind zur Welt gebracht
Werdet still,
werdet still
und hört, was Gott in dieser Nacht
uns allen sagen will.

Refr.: Leise, seid doch leise,
wenn Gott zu uns spricht.
Denn was Gott uns sagen will,
hört ihr sonst doch nicht.

Weihnachtswunsch

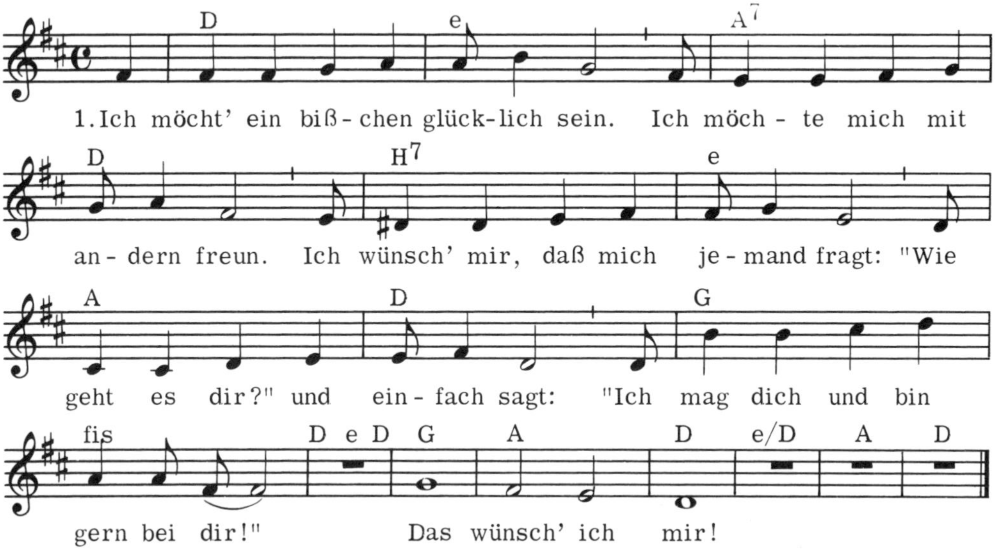

16

2. Ich möcht ein bißchen glücklich sein.
   Ein Anruf würde mich schon freun.
   „Hallo! Wie geht's? Mach's gut!" und dann:
   „Rufst du mich morgen auch mal an?"
   „Ja, ganz bestimmt! So gegen vier!"
   Das wünsch' ich mir!

3. Ich möcht ein bißchen glücklich sein.
   Käme doch einer mal herein
   und sagt: „Ich hab an dich gedacht
   und dir mich selbst heut mitgebracht.
   Ich bleib, solang du willst, bei dir!"
   Das wünsch' ich mir!

4. Ich möcht ein bißchen glücklich sein.
   Ein Brief, ein Zettel winzig klein.
   Ein Händedruck, ein nettes Wort,
   ein Lächeln … und ich spür' sofort:
   Mir geht es ebenso wie dir!
   Das wünsch' ich mir!

2. Abteilung: Sei gegrüßt, lieber Nikolaus!

Vorboten der Weihnachtszeit

Knospen springen auf

(Kanon für drei Stimmen)

Text: Rolf Krenzer *Melodie: Detlef Jöcker

17

Knospen springen auf, Blüten an den Zweigen	*(Wir halten ganz behutsam zwischen unseren Händen eingebettet die kleine Knospe. Wir öffnen die Hände leicht, so daß sie wie Blütenblätter aussehen.)*
blühen in der Winternacht. Neues Leben ist erwacht.	*(Unsere Hände öffnen sich immer weiter; mit beiden Händen bilden wir über uns eine große Blüte.)*
Gott will durch sein Kind seine Liebe zeigen.	*(Wir öffnen unsere Hände, so daß wir sie unseren linken und rechten Nachbarn reichen können.)*

Voll Freude ist das ganze Haus

Text: Rolf Krenzer *Melodie: Detlef Jöcker

18

2. Was ist heut nacht geschehn?
Was ist heut nacht geschehn?
Seht ihr den Sack dort an der Tür?
Wenn ihr ihn öffnet, findet ihr
das allerbeste Brot.
Vorbei ist unsre Not!
Refr.:
Voll Freude ist das ganze Haus.
Wir packen froh die Sachen aus
und können nicht verstehn,
was heute nacht geschehn!

3. Was ist heut nacht geschehn?
Was ist heut nacht geschehn?
Ein zweiter Sack: Für jedes Kind
die Kleider, die so nötig sind.
Wir ziehen sie gleich an
und freuen uns daran.
Refr.:
Voll Freude ist das ganze Haus.
Wir packen froh die Sachen aus
und können nicht verstehn,
was heute nacht geschehn!

4. Was ist heut nacht geschehn?
   Was ist heut nacht geschehn?
   Ein dritter Sack! Jetzt greift nur zu!
   Für jeden gibt es warme Schuh.
   Und habt ihr schon entdeckt,
   was in dem Sack versteckt?
   Refr.:
   Voll Freude ist das ganze Haus.
   Packt Äpfel, Plätzchen, Nüsse aus!
   Könnt ihr's auch nicht verstehn,
   was heute nacht geschehn.

5. Wer teilt das alles aus?
   Der Vater läuft hinaus
   und trifft nicht weit von unserm Haus
   den guten Bischof Nikolaus.
   Der winkt ihm freundlich zu.
   Und fort ist er im Nu.
   Refr.:
   Voll Freude ist das ganze Haus.
   Hab Dank, du guter Nikolaus!
   Jetzt können wir verstehn,
   was heute nacht geschehn!

6. Sag, willst du mit mir gehn?
   Dann kannst du's selber sehn:
   Ich geh wie einst der Nikolaus
   von Tür zu Tür, von Haus zu Haus
   und teile Gaben aus –
   grad wie der Nikolaus.
   Refr.:
   Noch immer geht der Nikolaus
   mit seinem Sack von Haus zu Haus.
   Und klingelt's an der Tür,
   dann kommt er auch zu dir!

Zu diesem Lied kann ein Spiel
oder ein Schattenspiel gestaltet werden.

Sei gegrüßt, lieber Nikolaus

Text: Rolf Krenzer *Melodie: Detlef Jöcker

19

2. Der Nikolaus ist hier.
Hat jemand Angst vor mir?
Wir rufen ganz laut: „Nein!“
Dann komm ich gern herein!
„Sei gegrüßt lieber Nikolaus ...“

3. Du bist ein lieber Mann!
Das sieht dir jeder an!
Siehst wie ein Bischof aus!
Wie Bischof Nikolaus!
„Sei gegrüßt lieber Nikolaus ...“

4. Der Bischof Nikolaus
ging einst von Haus zu Haus.
Da warn die Kinder froh.
Und das ist heut noch so!
„Sei gegrüßt lieber Nikolaus ...“

5. Der Bischof Nikolaus
teilt einst die Gaben aus.
Du machst es ebenso.
Drum sind wir Kinder froh.
„Sei gegrüßt lieber Nikolaus ...“

6. Mußt du dann weitergehn
und sagst auf Wiedersehn,
gehn wir mit bis zur Tür,
und alle winken dir.
„Sei gegrüßt lieber Nikolaus ...“

Den Nikolaus hab' ich gesehn

Text: Rolf Krenzer *Melodie: Paul G. Walter

20

Nach und nach werden die einzelnen zusammenhängenden Wörter durch Gesten ersetzt.

Den Nikolaus (Sack auf dem Rücken andeuten)
hab' ich gesehn (Hand über den Augen)
an unserm Haus (mit beiden Händen über dem Kopf Dach zeigen)
vorübergehn (mit den Händen laufen andeuten).
Er nickte (nicken)
und er winkte mir (winken)
und deutete (mit dem Finger deuten)
auf meine Tür (auf mich zeigen)
und sprach kein einz'ges Wort (Finger auf den Mund)
und war auf einmal fort (Hände ganz schnell hinter den Rücken).

Nikolaus, ich wart' auf dich

Text: Rolf Krenzer *Melodie: Paul G. Walter

21

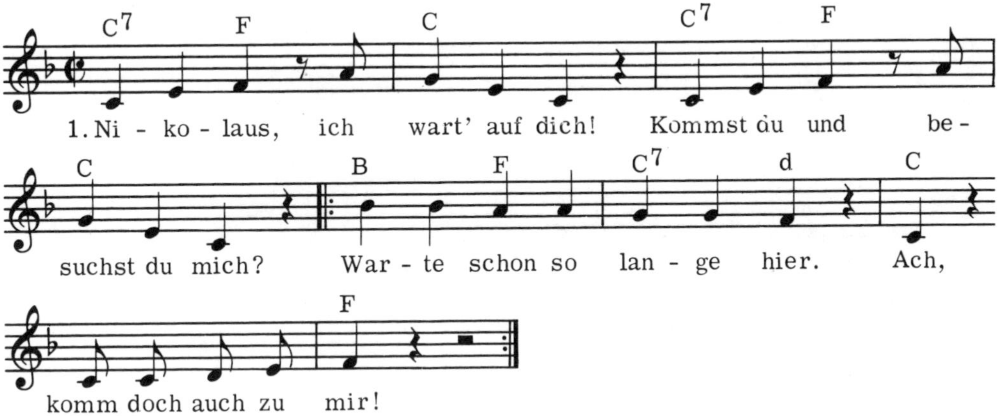

2. Draußen ist schon dunkle Nacht.
Hast du auch an mich gedacht?
‖: Schau so lang schon nach dir aus!
Komm auch zu mir nach Haus! :‖

3. Nikolaus, wo bleibst du bloß?
Ich bin doch noch nicht zu groß!
‖: Werde mich von Herzen freun!
Komm doch zu mir herein! :‖

4. Warte schon so lange Zeit.
Weiß ja, daß dein Weg so weit.
‖: Lautes Rumpeln an der Tür:
Der Nikolaus ist hier! :‖

Ich wollt', ich wär' der Nikolaus

Text: Rolf Krenzer *Melodie: Siegfried Fietz

22

2. Ich habe einen großen Sack
und trag' ihn ganz allein.
Und alles böse Lumpenpack,
das steck' ich da hinein.

3. Doch hat da etwa Angst ein Kind
vor mir, dem Nikolaus,
zieh' ich den Mantel aus geschwind
und seh' wie immer aus.

4. Vom Kopf nehm' ich die Mütze dann,
damit es keinen graut.
Dann kommt zum Schluß der Bart noch dran,
und alle lachen laut!

5. Ich möcht' so gern von Haus zu Haus
am Winterabend gehn.
Ich wollt', ich wär' der Nikolaus.
Das wäre wunderschön!

Wer klingelt an der Tür?

Text: Rolf Krenzer *Melodie: Paul G. Walter

23

2. Gewartet hab' ich schon
so lange, lange Zeit.
Doch lieber lief' ich jetzt davon,
denn jetzt ist es soweit.

3. Es klingelt an der Tür.
Schon wieder geht es los.
Da will doch jemand was von mir.
Was mache ich jetzt bloß?

4. Was tu ich? Sag mir, was?
Ich bin schon so nervös!
Vielleicht versteht er keinen Spaß
und wird am Ende bös.

5. Es klingelt an der Tür.
Er muß es wirklich sein!
Er wankt und weicht nicht und bleibt hier
und will zu mir herein.

6. Da bleibt mir keine Wahl.
Der Nikolaus ist hier!
Ich geh' und öffne voller Qual
ihm jetzt die Wohnungstür.

(Siehe Fortsetzung nächste Seite.)

Luzia ist wieder hier

Text: Rolf Krenzer *Melodie: Detlef Jöcker

24

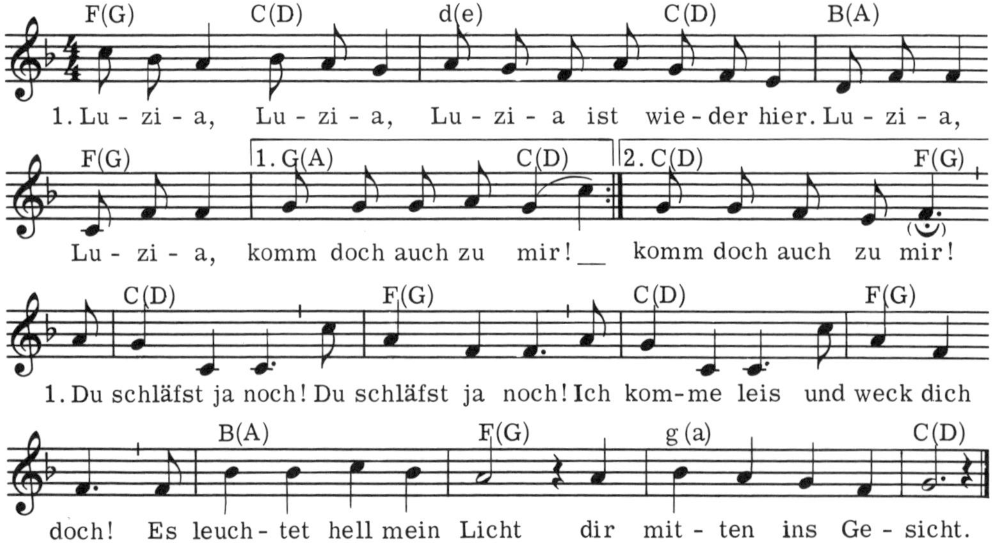

2. Und wirst du wach,
und wirst du wach,
dann folge mir
und schau mal nach.
Ich bringe dir was mit!
Drum: Guten Appetit!

In Schweden weckt die älteste Tochter in der Familie als Luzia verkleidet alle Familienmitglieder und bietet ihnen Kostproben des Weihnachtsgebäcks an.
Wir liegen im Kreis auf der Erde und schließen die Augen, als ob wir noch schlafen. Nur ein bißchen blinzeln darf man. Ein Kind spielt die Luzia. Es zieht einen weißen Kittel an, in dessen Taschen frisch gebackene Plätzchen oder andere Süßigkeiten sind. In der Hand hält die Luzia eine Kerze. Und auf dem Haar trägt sie einen Kranz oder ein Band. Ein mitspielendes Kind geht mit ihr nun im Kreis an den Schläfern vorbei. Es hat ihr vorher auch beim Anziehen geholfen.
Nun sucht sich die Luzia ein schlafendes Kind aus und weckt es mit ihrem Licht. Dieses steht auf und geht bis zur Mitte des Kreises hinter Luzia her. Dann darf es in ihre Tasche greifen und sich etwas herausnehmen und in den Mund stecken.
Die Luzia zieht nun den Kittel aus und übergibt ihn dem Spieler, der sie bisher begleitet hat. Dieser Spieler wird nun die Luzia darstellen. Und der Schläfer, der sich seine Belohnung aus dem Kittel geholt hat, wird nun der Begleiter. Der Spieler, der die Luzia gespielt hat, legt sich dorthin, wo vorher der Schläfer im Kreis gelegen hat. So kann das Spiel weitergehen.

3. Abteilung: Habt ihr noch ein Zimmer frei?

Krippenspiele

Das kleine Krippenspiel

Text: Rolf Krenzer *Melodie: Paul G. Walter

1. Szene: Maria und Josef gehen zu einem Gasthaus und klopfen an

25

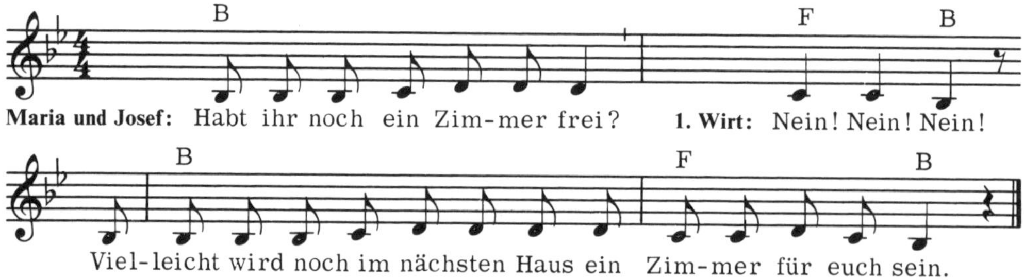

Maria und Josef gehen weiter zum nächsten Gasthaus.

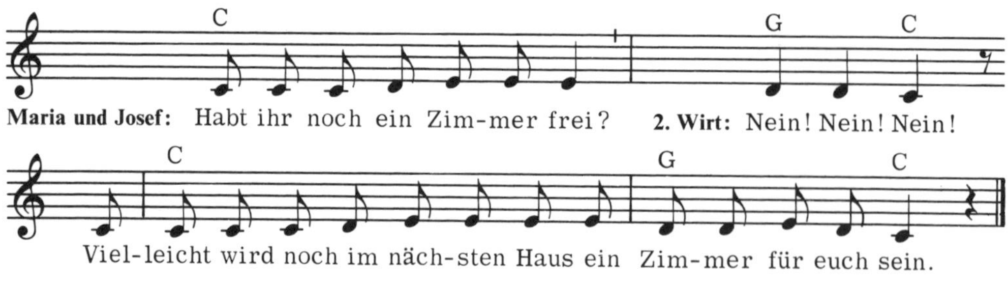

Maria und Josef gehen weiter.

Er führt Maria und Josef zum Stall.

2. Szene: Die Hirten werden von den Engeln geweckt

Die Hirten erblicken die Engel.

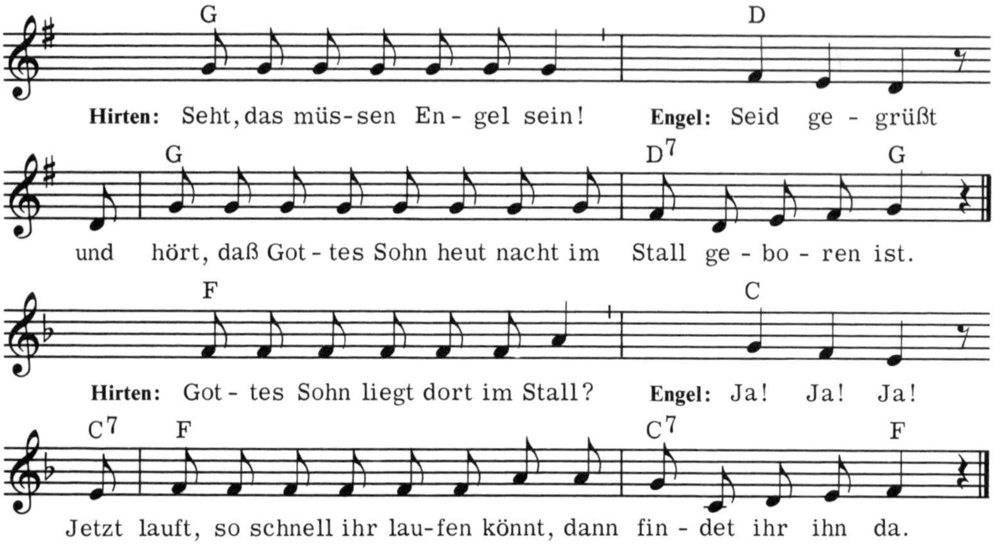

Die Hirten laufen zum Stall.

3. Szene: Anbetung im Stall

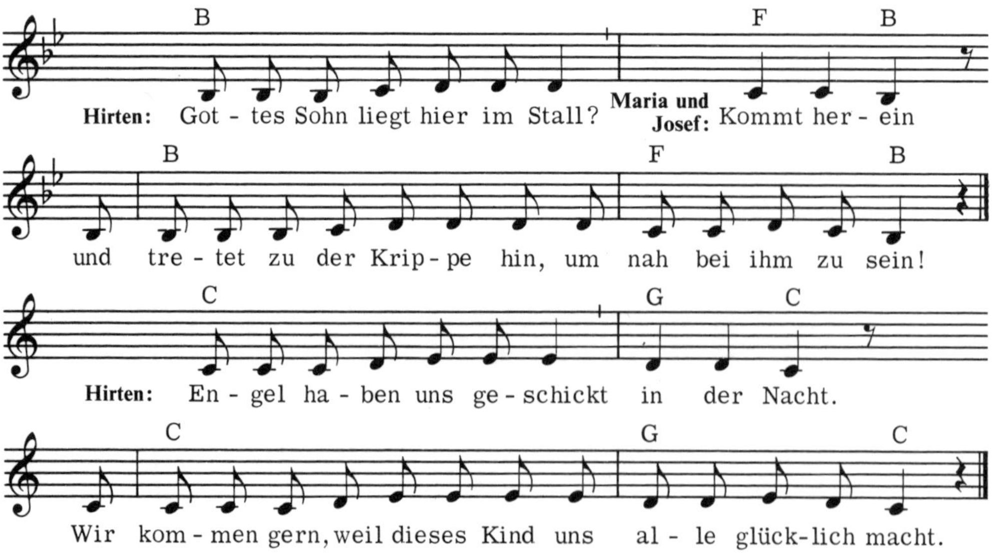

Sie knien vor der Krippe.

4. Szene: Die Sterndeuter beten das Kind an

Die Sterndeuter kommen. Der Stern geht ihnen voran.

Sie knien vor der Krippe.

(Schlußgesang auf der nächsten Seite.)

Alle singen zusammen:

Kanon: Ein Licht leuchtet auf in der Dunkelheit

Text: Rolf Krenzer
*Melodie: Ludger Edelkötter

26

Ach, ich kann nicht mehr – Herbergssuche

Kleines Musikspiel

Text: Rolf Krenzer · *Melodie: Peter Janssens

27

Maria und Josef gehen von einem Gasthaus zum anderen.
Sie bitten um Aufnahme. Sie werden immer wieder weitergeschickt.
Zum Schluß zeigt ihnen ein Gastwirt den Stall.

In der Nacht

Text: Rolf Krenzer *Melodie: Peter Janssens

28

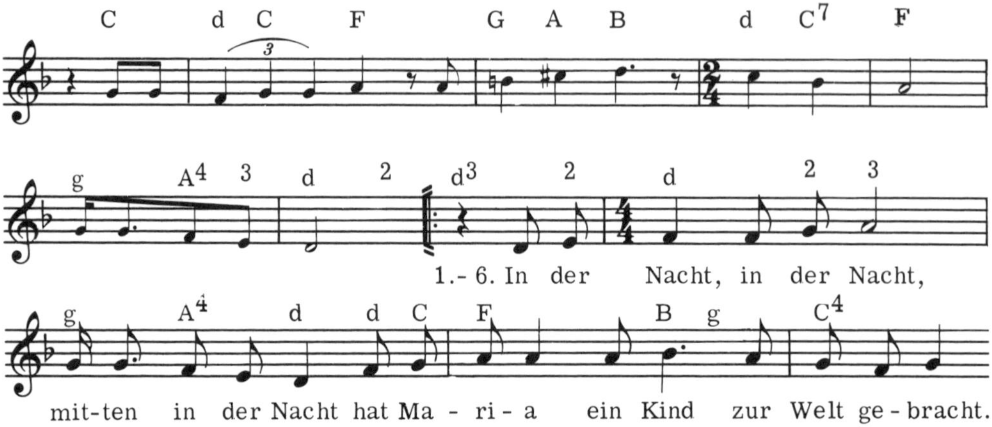

Zu jeder Strophe gehen einige Mitspieler zur Krippe.
Zum Schluß des Liedes bilden alle einen Kreis und fassen sich an den Händen.
(Der Chorsatz ist auch instrumental ausfürbar.)

Sieben Hirten schlafen

Text: Rolf Krenzer *Melodie: Peter Janssens

29

2. Noch sechs Hirten schlafen
hier bei ihren Schafen.
Da, ein helles Licht!
Und der Engel spricht: (Chor und alle)
Heute ist Jesus geboren ...

3. Noch fünf Hirten schlafen
hier bei ihren Schafen.
Da, ein helles Licht!
Und der Engel spricht: (Chor und alle)
Heute ist Jesus geboren ...

4. Noch vier Hirten schlafen
hier bei ihren Schafen.
Da, ein helles Licht!
Und der Engel spricht: (Chor und alle)
Heute ist Jesus geboren ...

5. Noch drei Hirten schlafen
hier bei ihren Schafen.
Da, ein helles Licht!
Und der Engel spricht: (Chor und alle)
Heute ist Jesus geboren ...

6. Noch zwei Hirten schlafen
hier bei ihren Schafen.
Da, ein helles Licht!
Und der Engel spricht: (Chor und alle)
Heute ist Jesus geboren ...

7. Seht ihr den noch schlafen
hier bei seinen Schafen.
Da, ein helles Licht!
Und der Engel spricht: (Chor und alle)
Heute ist Jesus geboren ...

8. Sieben Hirten schlafen
nicht mehr bei den Schafen.
Kommt ihr Hirten all,
kommt und lauft zum Stall! (Chor und alle)
Heute ist Jesus geboren ...

Immer, wenn der Engel einen neuen Hirten weckt, darf das Licht angeknipst werden.

Komm mit mir

Text: Rolf Krenzer *Melodie: Peter Janssens

Lied für Gemeinde und Chor

30

(Der Chorsatz ist auch instrumental ausführbar.)

Ein Spieler bleibt vor einem anderen stehen und fragt ihn: „Was willst du dem Kind schenken?" Der zweite Spieler zeigt sein Geschenk oder nennt es. Der erste Spieler nimmt ihn mit, und beide beziehen einen dritten in das Spiel ein. Es folgen immer mehr, so daß schließlich alle in einer langen Reihe mitgehen und dem Kind ihre Geschenke bringen.

Hier kommen die Könige

Text: Rolf Krenzer *Melodie: Peter Janssens

Die Sterndeuter kommen nach Bethlehem

Eine Karawane zieht heran

Text: Rolf Krenzer *Melodie: Peter Janssens

32

Da capo Verse 2–5

2. Ram pa pa pam pa pa ram pa pa pan.
Und sie fragen bei Herodes an.
Vorsicht. Er fürchtet gleich
um seinen Thron, sein Reich.
So sagt er den Männern, den klugen und weisen
Ich will diesem König selbst Ehre erweisen.
Ram pa pa pam pa pa ram pa pa pan.
Doch droht er den Mord ihm heimlich an.

3. Ram pa pa pam pa pa ram pa pa pan.
Gottes heller Stern zieht uns voran,
zieht von Jerusalem
weiter nach Bethlehem.
So finden die Männer, die klugen und weisen
im Stall dann den König, den Gott uns verheißen.
Ram pa pa pam pa pa ram pa pa pan.
Und sie beten Gottes Sohn dort an.

4. Ram pa pa pam pa pa ram pa pa pan.
Horcht, Soldaten ziehen schon heran.
Packt und geht heut noch fort!
Schon ist geplant der Mord.
Sonst wird der Herodes euch alle verderben.
Er will Jesu Tod. Euer Kind soll hier sterben.
Ram pa pa pam pa pa ram pa pa pan.
Kommt, vertraut euch Gottes Führung an.

5. Ram pa pa pam pa pa ram pa pa pan.
Was hat dieses Kind euch nur getan?
Hilflos und noch so klein
kann es nicht sicher sein.
Das Kind voller Liebe, von Gott uns gegeben,
schon trachten die Mächtigen nach seinem Leben.
Ram pa pa pam pa pa ram pa pa pan.
Nehmt doch dieses Kind mit Liebe an.

Die Sterndeuter ziehen mit ihren Begleitern in einer langen Karawane durch das Land, kommen zu Herodes und finden endlich das Kind im Stall, fallen auf die Knie und huldigen ihm. Danach zieht die Karawane wieder davon.

Wenn die Soldaten des Königs Herodes näher kommen, schlagen wir einen immer härter werdenden Rhythmus. Die Soldaten selbst sind nicht zu sehen, aber Josef geht mit Maria traurig fort. Sie sind wieder ganz allein wie zu Beginn der Weihnachtsgeschichte.

Herbergssuche

Text: Rolf Krenzer *Melodie: Klaus Irmer

Maria und Josef klopfen an ein Gasthaus an.

33

Maria und Josef gehen weiter zum nächsten Gasthaus.
Das Lied wird an verschiedenen Stationen wiederholt.

Bei der letzten Station zeigt einer Maria und Josef den Stall und führt sie dorthin:

Wiegenlied

Text: Rolf Krenzer *Melodie: Klaus Irmer

34

Still ist's im Zimmer ...
2. Mit meiner Decke wärme ich dich.
Schlafe, mein Kleiner(s), drück dich an mich.

Still ist's im Zimmer ...
3. Auf meinen Armen wiege ich dich.
Schlafe, mein Kleiner(s), drück dich an mich.

Still ist's im Zimmer ...
4. Mit meiner Liebe schütze ich dich.
Schlafe, mein Kleiner(s), drück dich an mich.

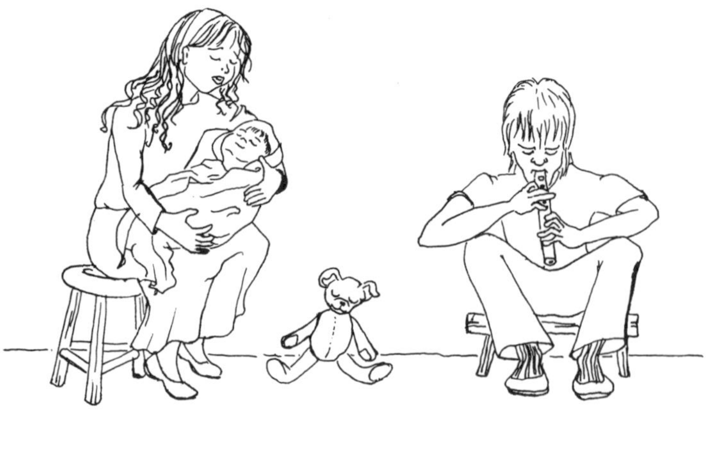

Wir werden immer mehr

Text: Rolf Krenzer *Melodie: Klaus Irmer

35

2. Wir sind zwei und stehn hier so allein.
Sag, willst du nicht bei uns sein?
Komm herbei! Dann zählen wir schon drei!

3. Drei sind wir und stehn hier so allein.
Sag, willst du nicht bei uns sein?
Drei sind wir, und du dabei sind vier.

4. Bitte sehr, wir stehn hier so allein.
Sag, willst du nicht bei uns sein?
Komm doch her, dann zählen wir noch mehr.

5. Wir sind hier und stehn nicht mehr allein.
Hell strahlt unsres Lichtes Schein.
Wir sind hier. Das Licht kommt auch zu dir.

Zu Beginn des Spielliedes steht die Leiterin bzw. der Leiter ganz allein in der Mitte mit einer Kerze in der Hand. Weitere, brennende Kerzen – halb soviel wie Gruppenmitglieder – stehen bei der Leiterin auf dem Boden. Bei jedem Vers wird ein Kind mehr zur Mitte gewunken, nimmt die Kerze auf und singt den folgenden Vers mit. Der vierte Vers kann so lange gesungen werden, bis alle Kerzen aufgenommen sind. Mit dem letzten Vers werden die Kerzen an die übrigen Gruppenmitglieder verteilt. Das Lied kann noch einmal gesungen werden. Dabei werden jetzt die anderen zu Kerzenträgern.

Marias Loblied

Text: Rolf Krenzer *Melodie: Detlef Jöcker

36

2. Er streckt seinen Arm aus, und weggefegt
sind die Pläne der Stolzen, die sie gehegt.
Die Mächtigen stürzt er vom Thron.
Er macht Hungrige satt,
daß ein jeder hat.
Die Reichen schickt Gott,
mit leeren Händen davon.
Heilig ist sein Name!
Niemals endet sein Erbarmen.
Er hält uns in seinen Armen.
Heilig ist sein Name!

3. Gott hält sein Versprechen für alle Zeit.
Was er Abraham sagte, hat Gültigkeit!
Erinnert hat Gott sich daran.
Und er richtet uns auf!
Wartet nur darauf!
Der mächtige Gott,
hat Großes an uns getan.
Heilig ist sein Name!
Niemals endet sein Erbarmen.
Er hält uns in seinen Armen.
Heilig ist sein Name!

Ein Licht leuchtet auf in der Dunkelheit

Text: Rolf Krenzer *Melodie: Detlef Jöcker

37

Strophen 2 bis 4 siehe folgende Seite:

2. Ein Kind kommt zu uns auf die Welt.
Das Kind wird ein mächtiger König sein.
Ein König, der treu zu uns hält.
Und alle dürfen sich freun.
Ein König des Friedens.
Ein König der Freude.
Wir wissen ja alle davon:
Gott schickt seinen eigenen Sohn!
Refr.: Ein Licht …

3. Viel stärker als Leid und als Not.
Und in seinem Reich wird stets Friede sein.
Viel stärker als Krieg und als Tod.
Und alle dürfen sich freun.
Ein König des Friedens.
Ein König der Freude.
Wir wissen ja alle davon:
Gott schickt seinen eigenen Sohn!
Refr.: Ein Licht …

4. Wer traurig ist, wird wieder froh.
Verzweifelte werden getröstet sein.
Verheißen hat Gott es uns so.
Und alle dürfen sich freun.
Wir warten und hoffen.
Wir hoffen und warten.
Wir wissen ja alle davon:
Gott schickt seinen eigenen Sohn!
Refr.: Ein Licht …

Nach Jesaja 9,1 und 5–6.

Ein Kind ist heut geboren 38

Text: Rolf Krenzer *Melodie: Detlef Jöcker

2. Kennt Ihr denn seinen Namen?
Jesus ist sein Name.
Ja, Jesus ist sein Name,
Gott, mein Herr!
Refr.: Wir danken dir ...

3. Wo ist es denn geboren?
In dem Stall geboren.
Es ist im Stall geboren,
Gott, mein Herr!
Refr.: Wir danken dir ...

4. Wo hat es denn gelegen?
Auf dem Stroh gelegen.
Es hat im Stroh gelegen,
Gott, mein Herr!
Refr.: Wir danken dir ...

5. Wie heißt denn seine Mutter?
Das ist die Maria.
Maria ist die Mutter,
Gott, mein Herr!
Refr.: Wir danken dir ...

6. Und wer ist denn sein Vater?
Gott selbst ist sein Vater.
Ja, Du bist selbst sein Vater,
Gott, mein Herr!
Refr.: Wir danken dir ...

7. Wer will denn zu ihm kommen?
Alle wollen kommen.
Wir alle wollen kommen,
Gott, mein Herr!
Refr.: Wir danken dir ...

Komm und gib mir deine Hand

Text: Rolf Krenzer *Melodie: Detlef Jöcker

39

2. Freust du dich so sehr,
   ruf die andern her!
   Gehn wir all zusammen,
   dann werden's immer mehr!
   Jeder soll es sehn,
   daß wir zu ihm gehn,
   denn das Kind im Stall,
   das ist Christus, unser Herr.

   Refr.: Komm und gib mir deine Hand …

Einer geht im Kreis herum und fragt einen anderen, was er dem Kind schenken will. Dann darf jeder etwas nennen. Nach und nach werden es immer mehr, die sich dem Zug anschließen und zum Stall gehen.

Hört ihr alle Glocken läuten

Text: Rolf Krenzer *Melodie: Detlef Jöcker

40

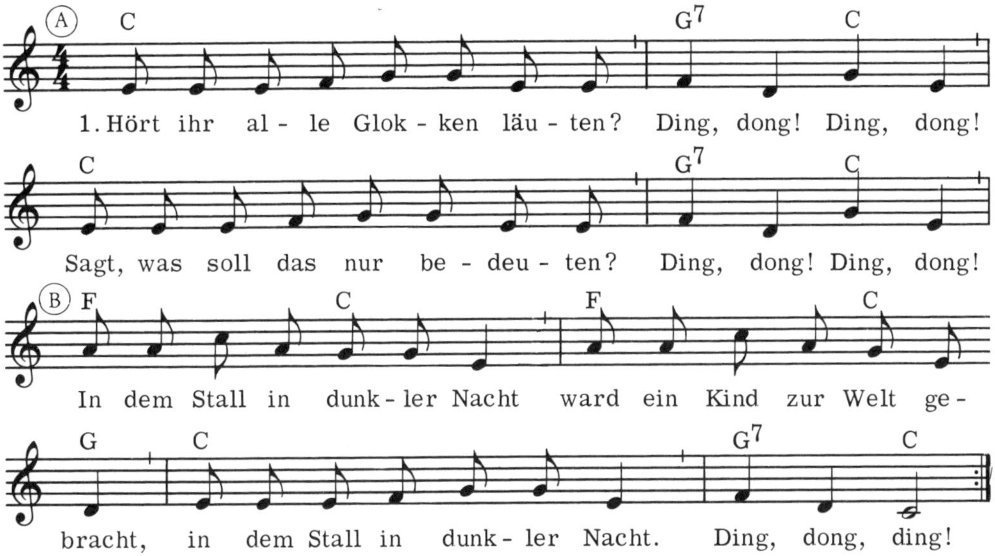

2. Auf den Feldern bei den Schafen
sind die Hirten eingeschlafen.
Doch ein Engel weckt sie dann:
Lauft zum Stall! Schaut Jesus an!

3. Viele Menschen wollen sehen,
was im Stall dort ist geschehen.
Hell erstrahlt der Weihnachtsstern.
Kommt und findet dort den Herrn!

4. Darum laßt die Glocken läuten.
Sagt es weiter allen Leuten:
Gottes Sohn liegt hier im Stall!
Sagt es weiter überall!

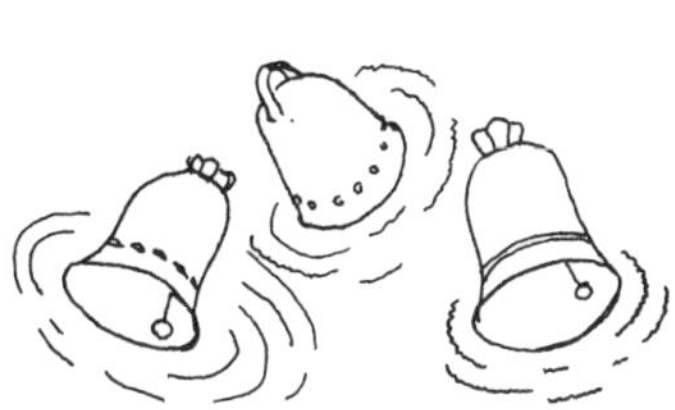

Zu den einzelnen Strophen kann nach und nach die ganze Weihnachtsgeschichte in einem „lebenden Bild" von den Spielern aufgebaut werden:

- *Der Stall mit der Krippe; Spieler, die die Glokken darstellen zu beiden Seiten. Sie stehen zu Beginn des Liedes nebeneinander, gehen dann nach beiden Seiten auseinander, so daß Josef, Maria und das Kind zu sehen sind.*
- *Die Hirten liegen auf der Erde und schlafen. Ein Engel weckt sie, und sie laufen gemeinsam zum Stall.*
- *Immer mehr Leute kommen hinzu. Ein Spieler stellt den Stern dar und zeigt ihn mit seinen ausgestreckten Fingern, die er über seinen Kopf hält.*
- *Zur letzten Strophe kommen die Spieler in das Publikum und führen alle, die mitmachen wollen, zum Stall.*

In der Dunkelheit leuchtet uns auf ein Licht

Text: Rolf Krenzer
*Melodie: Detlef Jöcker

41

Kanon: Mitten in der Nacht

Text: Rolf Krenzer *Melodie: Ludger Edelkötter

42

Kanon: Da ist ein Leuchten in der Nacht

Text: Rolf Krenzer
*Melodie: Ludger Edelkötter

43

Kleines Kind im Stroh

Text: Rolf Krenzer *Melodie: Ludger Edelkötter

44

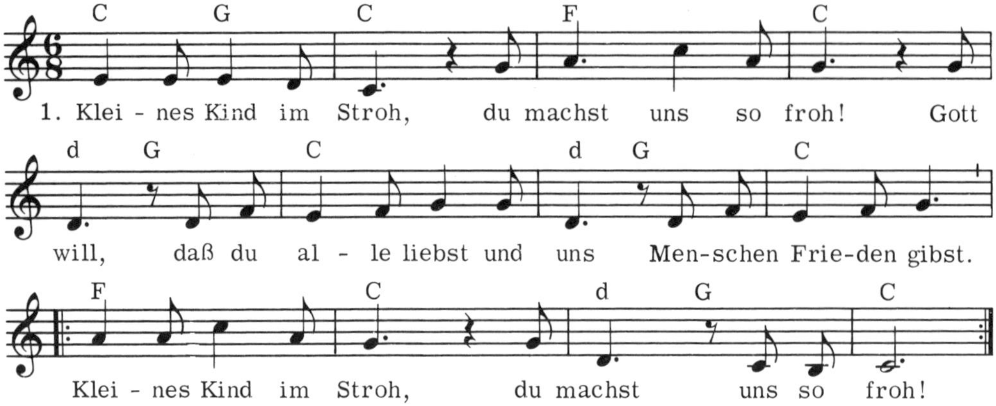

2. Schlaf, mein Krippenkind!
Bläst auch kalt der Wind.
Du lädst alle Menschen ein,
willst ihr treuster Bruder sein.
Schlaf, mein Krippenkind!
Bläst auch kalt der Wind.

3. Kamst zu uns herein,
wirst so einsam sein,
weil du alle Menschen liebst.
und für sie dein Leben gibst.
Kamst zu uns herein,
wirst so einsam sein.

4. Kind auf meinem Schoß,
Gott macht dich so groß.
Du bist stärker als der Tod
und nimmst von uns alle Not.
Kind auf meinem Schoß,
Gott macht dich so groß.

Wacht auf

Text: Rolf Krenzer *Melodie: Ludger Edelkötter

45

2. Wacht auf, wacht auf!
Was kann das nur sein?
Um uns herum ist ein heller Schein.
Und dort seh ich Leute stehn,
die ich vorher nie gesehn.
Wacht auf, wacht auf!
Was kann das nur sein?

3. Wacht auf, wacht auf!
Was kann das nur sein?
Um uns herum ist ein heller Schein.
Seht, es werden immer mehr,
und sie kommen zu uns her.
Wacht auf, wacht auf!
Was kann das nur sein?

4. Steht auf, steht auf!
Erhebt euch ganz schnell!
Um uns herum ist jetzt alles hell!
Um uns ist ein heller Schein.
Seht, es müssen Engel sein!
Steht auf, steht auf!
Erhebt euch ganz schnell!

Engel:

5. Hört zu, hört zu,
wir künden euch an,
was Gott für unsre Welt getan.
Überm Stall der helle Stern
zeigt euch die Geburt des Herrn.
Hört zu, hört zu,
das künden wir an!

6. Geht los, geht los
und geht zu dem Kind.
Steht nicht herum! Los, geht geschwind!
Dieses Kind bringt ganz allein
Frieden in die Welt hinein!
Lauft los, lauft los
und geht zu dem Kind!

Hirten:

7. Habt Dank! Habt Dank!
So laufen wir schnell.
Überm Stall strahlt der Stern so hell.
Kommt, das Wunder anzusehn,
das in dieser Nacht geschehn!
Habt Dank! Habt Dank!
So laufen wir schnell!

Kanon: Ehre sei Gott

Text: Rolf Krenzer *Melodie: Ludger Edelkötter

46

Zur ersten Zeile halten wir die Hände mit dem Handteller nach oben (offene Gebetshaltung). Zur zweiten Zeile heben wir die Hände in der gleichen Haltung hoch. Dann breiten wir die Hände weit aus, daß wir die Hände unserer Nachbarn rechts und links berühren. Wir halten uns an den Händen fest.

Hirtentanz

47

Text: Rolf Krenzer *Melodie: Ludger Edelkötter

2. Oh, wie freuen wir uns heute,
ich und du und alle Leute.
Laßt zum Stall uns alle gehn,
das Wunder anzusehn!
Kommt, kommt, kommt doch all'
und lauft mit uns zum Stall.
Refr.: La la lala, ...

3. Darum sind wir voller Freude,
darum tanzen alle Leute.
Hell erklingt das Weihnachtslied,
und alle singen mit:
Kommt, kommt, kommt doch all'
und lauft mit uns zum Stall.
Refr.: La la lala, ...

Hirtenweihnacht

Text: Rolf Krenzer *Melodie: Ludger Edelkötter

48

2. Was haben die Engel den Hirten gesagt?
Zum Kind in der Krippe lauft hin eh' es tagt.
Das Kind in dem Stall, es rettet euch all,
nun sagt's jedem weiter, der euch danach fragt.
Das haben die Engel den Hirten gesagt.
Das haben die Engel den Hirten gesagt.

3. Was taten die Hirten dann in dieser Nacht?
Sie haben sich gleich zu dem Kind aufgemacht.
Und fanden's im Stroh und waren so froh
und haben die Nacht mit dem Kind zugebracht.
Das taten die Hirten dann in dieser Nacht.
Das taten die Hirten dann in dieser Nacht.

Wißt Ihr schon

Text: Rolf Krenzer *Melodie: Ludger Edelkötter

49

2. Wißt ihr schon
was davon?
Habt ihr's schon vernommen?
Wißt ihr's schon?
Gottes Sohn ist zu uns gekommen!
In der Krippe liegt das Kind,
dort, wo Ochs und Esel sind.
Komm doch mit, komm doch mit!
Wer uns sieht, bleibt nicht länger stehen.
Komm doch mit, komm doch mit!
Sing ein Lied, wenn wir zu ihm gehen.

3. Wißt ihr schon
was davon?
Habt ihr's schon vernommen?
Wißt ihr's schon?
Gottes Sohn ist zu uns gekommen!
Und so ziehn wir durch die Nacht.
Jeder hat was mitgebracht.
Komm doch mit, komm doch mit!
Wer uns sieht, bleibt nicht länger stehen.
Komm doch mit, komm doch mit!
Sing ein Lied, wenn wir zu ihm gehen.

Jemand beginnt beim Lied zu einem anderen zu gehen und fragt ihn, was er dem Kind als Geschenk mitbringen will, und lädt ihn ein, mitzukommen. So entsteht nach und nach eine lange Reihe, die zur Krippe zieht.

Vor dem Stall

Text: Rolf Krenzer *Melodie: Ludger Edelkötter

50

2. Kommt nur herein!
   Kommt nur herein!
   Ist dieser Stall auch eng und klein.
   Tuscheln, wispern,
   nur noch flüstern,
   lauschen, hören,
   ja nicht stören!
   Seht nur, das Kind im Stroh
   macht uns so froh!

3. Kommt nur heran!
   Kommt nur heran!
   Schaut euch das Kind in der Krippe an!
   Etwas bücken,
   zaghaft drücken,
   lächeln, schmeicheln,
   zärtlich streicheln.
   Seht nur, das Kind im Stroh
   lächelt so froh!

Eine lange Karawane 51

Text: Rolf Krenzer *Melodie: Ludger Edelkötter

2. Eine lange Karawane
kommt von fern daher.
Und ihr folgen viele Leute,
werden immer mehr.
Kehrvers: Suli, suliaram, eilo ...

3. Eine lange Karawane
zieht von Land zu Land.
Menschen, die sich neu begegnen,
ziehen Hand in Hand.
Kehrvers: Suli, suliaram, eilo ...

4. Unsre lange Karawane
zieht von Stadt zu Stadt.
Sucht den König, den der Himmel
uns verheißen hat.
Kehrvers: Suli, suliaram, eilo ...

5. Weiter zieht die Karawane
weiter Schritt für Schritt.
Große Leute, kleine Leute,
alle ziehen mit.
Kehrvers: Suli, suliaram, eilo ...

Drei Könige

Text: Rolf Krenzer *Melodie: Ludger Edelkötter

52

2. So folgen sie dem Stern,
so folgen sie dem Stern
und fragen überall im Land
nach Jesus, unserm Herrn.

3. So folgen sie dem Stern,
so folgen sie dem Stern
und kommen auch nach Bethlehem
und fragen nach dem Herrn.

4. Macht Platz den feinen Herrn!
Sie folgen diesem Stern.
Und in der Krippe hier im Stall
da finden sie den Herrn.

53

Ein Stern hat uns den Weg gezeigt

Text: Rolf Krenzer *Melodie: Ludger Edelkötter

Lied zum Dreikönigsumzug

2. Ein heller Stern zeigt uns den Weg,
wenn wir zum Himmel schaun.
Der helle Stern zeigt uns den Weg,
ihm können wir vertraun.
Kehrvers: Ein Kind ist geboren …

3. Wir folgen diesem hellen Stern.
Er leuchtet wunderbar.
Wir wünschen allen Menschen gern
ein gutes neues Jahr!
Kehrvers: Ein Kind ist geboren …

Sternsingerlied

Text: Rolf Krenzer *Melodie: Ludger Edelkötter

54

2. Der Melchior, Kaspar, Balthasar
   und eine große Kinderschar.
   So folgen wir dem Stern
   und fragen, und fragen,
   und fragen nach dem Herrn.

3. Wir sahen fern in unserm Land,
   daß dieser Stern am Himmel stand.
   So folgen wir dem Stern
   und fragen, und fragen,
   und fragen nach dem Herrn.

4. Wir fragen in Jerusalem,
   der Stern steht über Betlehem.
   So folgen wir dem Stern
   und fragen, und fragen,
   und fragen nach dem Herrn.

5. In Betlehem im Stall zur Nacht
   ward Gottes Sohn zur Welt gebracht.
   So nah sind wir dem Stern
   und finden, und finden,
   und finden unsern Herrn.

Wir haben es vernommen

Text: Rolf Krenzer *Melodie: Ludger Edelkötter

55

2. Wir kommen zu dir heute.
Es führte uns der Stern.
Wir grüßen voller Freude
den Bruder und den Herrn.
Wir haben viel an dich gedacht
und weil es uns selbst Freude macht,
haben wir, haben wir,
dir etwas mitgebracht.

Das Kind im Stall

Text: Rolf Krenzer *Melodie: Frank Stieper

56

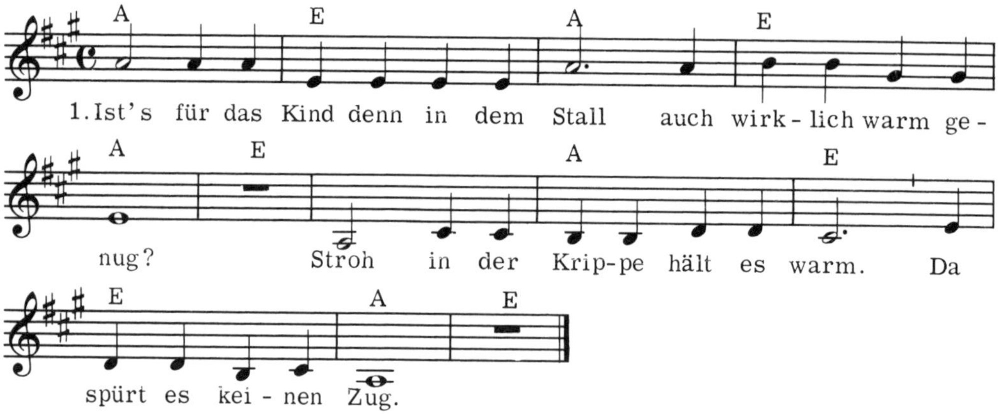

2. Ist denn die Krippe
in dem Stall
nicht für das Kind zu hart?
– Windeln und Decken
hülln es ein.
Die sind ganz weich und zart.

3. Wenn dieses Kind dann
in dem Stall
am Ende Hunger hat?
– Schau, seine Mutter
gibt ihm Milch.
Da wird das Kind gleich satt.

4. Wird denn das Kind dort
in dem Stall
nicht sehr alleine sein?
– Menschen und Tiere
sind bei ihm.
Gott läßt es nicht allein.

4. Abteilung: Die Legende vom armen Hirtenjungen und andere Legendenlieder

57

Die Legende vom armen Hirtenjungen

Text: Rolf Krenzer *Melodie: Wolfgang Jehn

2. Es mußten die Hirten denken
an das arme Kind im Stroh
und wollten ihm etwas schenken
und waren von Herzen froh.

3. Was braucht ein Kind zum Leben?
Vielleicht Decken, weich und warm?
Der Hirtenbub konnt nichts geben,
denn er war bettelarm.

4. Sie liefen zum Stall gemeinsam.
Er zog hinter ihnen her
und war so traurig und einsam
und hatt' die Hände leer.

5. Sie brachten dem Kind ihre Gaben
und waren froh in der Nacht.
Nur einer der Hirtenknaben
hatte gar nichts mitgebracht.

6. Da tat er zum Kind sich wenden
und streichelte sein Gesicht
ganz zart und mit guten Händen;
mehr hatte er ja nicht.

7. So hat ein Armer voll Wehmut
den ärmsten Bruder begrüßt
und hat in tiefer Demut
den Herrn der Welt geküßt.

8. Da legte Maria dem Jungen
das Kind mit Vertraun in den Arm.
Die Engel haben gesungen,
im Stall wurd's hell und warm.

Gloria, Halleluja!
Gloria, Halleluja!

Lied des kleinen Hirten mit der Mundharmonika

Text und Melodie: Rolf Krenzer

58

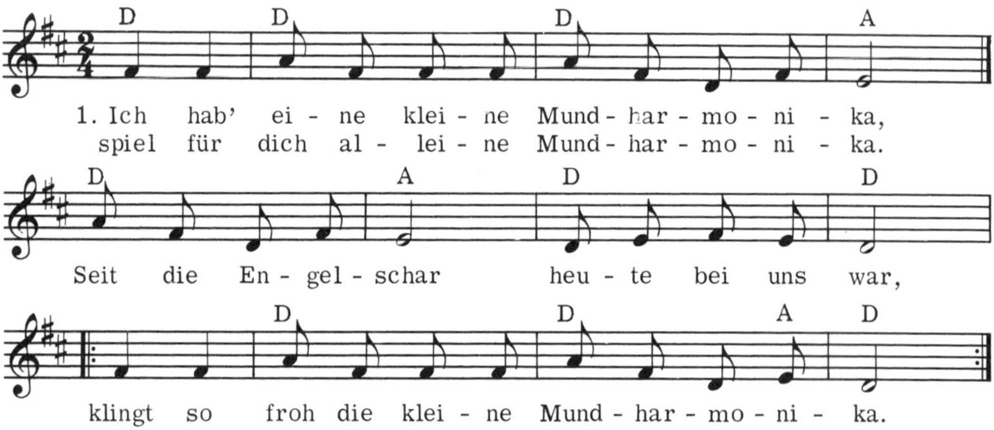

2. Kann es noch nicht fassen,
was heut nacht geschehn,
lief mit allen los,
um nach dem Kind zu sehn.
Jeder hat heut nacht
ihm was mitgebracht.
Ich hatt' nichts als meine Mundharmonika.

3. Dunkel war's im Stall,
und draußen blies der Wind.
In der Krippe lag im Stroh
das Gotteskind.
Und wir knieten all'
nieder in dem Stall.
Ich mit meiner kleinen Mundharmonika.

4. Was wir geben konnten,
schenkte jeder heut.
Und sie freuten sich,
denn es war'n arme Leut.
Und ich spielt' ein Lied
– alle summten mit –
für das Kind auf meiner Mundharmonika.

5. Ich hab' eine kleine Mundharmonika
und war Gottes Sohn
im Stall heut nacht so nah.
Seit ich selbst gesehn,
was heut nacht geschehn,
klingt so froh die kleine Mundharmonika.

Die Legende vom Esel

Text: Rolf Krenzer *Melodie: Frank Stieper

59

2. Ein Esel mußt es sein, i-a,
ein Esel ganz allein, i-a,
der hat in schweren Tagen
das Gotteskind getragen.
Der Weg war weit und unbequem.
Sie flüchteten aus Bethlehem,
damit, das wißt ihr ja,
dem Kind kein Leid geschah.
I-a.

3. Ein Esel mußt es sein, i-a,
ein Esel ganz allein, i-a,
der hat in schweren Tagen
den König selbst getragen.
Die Straßen eng und unbequem.
Er trug ihn durch Jerusalem,
damit, wie ihr ja wißt,
ein jeder ihn begrüßt.
I-a.

4. Ein Esel mußt es sein, i-a,
ein Esel ganz allein, i-a,
der hat in schweren Tagen
so vieles still ertragen.
Und seht ihr einen Esel stehn,
dann könnt ihr ruhig zu ihm gehn.
Und streichelt ihr ihn, ja,
dann sagt er leis: „I-a!"
I-a.

Die Legende von den drei Räubern

Text: Rolf Krenzer *Melodie: Ludger Edelkötter

60

2. Sie trugen Schwert und Säbel
und sahn gefährlich aus.
Und sah man sie nur kommen,
nahm jeder gleich Reißaus.
Sie ruhten aus bei Tage
und raubten in der Nacht,
sie haben manchen Menschen
um Hab und Gut gebracht.

3. Und legten sich die Leute
den Riegel vor die Tür,
so merkten sie am Morgen:
Die Räuber waren hier!
Weil diese wilden Räuber
so viele schon bedroht,
drum waren sie gefürchtet
von allen wie der Tod.

4. Einst sahen die drei Räuber
noch Licht in einem Stall.
Da planten sie gemeinsam
sogleich den Überfall.
Sie rissen auf das Stalltor,
daß es zur Seite flog.
Da standen ein paar Leute
um einen Futtertrog.

5. Es rasselten die Säbel.
Sie brüllten: „Hände hoch!
Geld oder euer Leben!“
Und manches Schlimme noch.
Maria sah die Räuber
ganz still und freundlich an.
Sie zeigte auf die Krippe
und winkte sie heran.

6. Sie sagte zu den Räubern:
„Ihr macht das Kind ja wach!
Seht, Gottes Sohn will schlafen!
Macht doch nicht solchen Krach!“
Im Stall, da ist ein Wunder
in dieser Nacht geschehn.
So konnten die drei Räuber
sich selber nicht verstehn.

2. Kehrvers:
Ein Wunder,
ein Wunder,
ein Wunder ist geschehn,
damit die drei Räuber
kein Unrecht mehr begehn.

7. Sie knieten vor dem Kind, und
sie beteten es an
und baten um Vergebung
für das, was sie getan.
Dann zogen sie verstohlen
die Räuberstiefel aus
und tappten durch das Tor
in die dunkle Nacht hinaus.

Kehrvers:
Ein Wunder,
ein Wunder,
ein Wunder ist geschehn.
Und von den drei Räubern
ward keiner mehr gesehn.

Zu dem Lied kann ein pantomimisches Spiel gestaltet werden, aber auch ein Schattenspiel oder ein Menschenschattenspiel.

Die Legende von den drei weisen Königen

Text: Rolf Krenzer
*Melodie: Paul G. Walter

61

2. Der König ist geborn, der Herr
des Himmels und der Welt!
So haben's die drei Könige
im ganzen Land erzählt.
Was schenkt man diesem König nur?
Sie haben mit Bedacht
das Edelste ihm ausgewählt
und ihm auch mitgebracht.
Halleluja …

3. Weihrauch und Myrrhe mußten's sein,
dazu das feinste Gold,
daß jeder diesem König auch
die höchste Ehre zollt!
Doch als sie dann im Stall das Kind
in einer Krippe sahn,
da fragten sich die Könige:
Was fängt es damit an?
Halleluja …

4. Wie ehrt man einen König nur,
der noch so winzig klein?
Doch weil sie wirklich weise warn,
drum fiel es ihnen ein.
Der erste König ging zum Kind
und streichelte es zart.
Da griff das Kind mit seiner Hand
ihm zärtlich in den Bart.
Halleluja ...

5. Der zweite König nahm das Kind
und wiegte es ganz sacht.
Da hat das Kind auf seinem Arm
vor Freude leis gelacht.
Der dritte König aber sang
dann für das Kind ein Lied.
Da sangen in dem kleinen Stall
die andern alle mit.
Halleluja ...

6. Er hielt das Kind auf seinem Arm
und tanzte in der Nacht.
Da haben alle in dem Stall
vor Freude mitgemacht.
Ein Hirte packt die Flöte aus,
die andern sangen mit.
Und so entstand in dieser Nacht
das erste Weihnachtslied.
Halleluja ...

7. Es war'n drei weise Könige,
die wußten, was man gibt,
wenn man dies Kind, das Gott uns schenkt,
von ganzem Herzen liebt.
Wir stimmen froh ein Weihnachtslied
in jedem Jahr neu an
und tanzen, wie's die Könige
vor langer Zeit getan.
Halleluja ...

Tier-Weihnachtslied

Text: Rolf Krenzer *Melodie: Peter Janssens

62

2. Wie war das mit dem Ochsen?
Er stand und schaute zu.
Maria legt das Kind so klein
ins warme Stroh der Krippe rein.
Sie schaut es an und lächelt froh,
denn Gottes Sohn schläft hier im Stroh.
Wie war das mit dem Ochsen?
Er stand und schaute zu.
Wie war das mit dem Ochsen?
Er sagte leis: „Muh! Muh!"

3. Wie war das mit den Schafen?
Sie waren in der Näh'.
Die Hirten ließen alles stehn
und wollten Jesus Christus sehn.
Sie kamen in den Stall hinein
und wollten bei dem König sein.
Wie war das mit den Schafen?
Sie waren in der Näh.
Wie war das mit den Schafen?
Sie sagten leis: „Mäh! Mäh!"

4. Was sagte da Maria,
als sie die Tiere sah?
Sie sagte: „Gottes Sohn ist hier
für Gottes Schöpfung, Mensch und Tier.“
Da mußt' kein Tier zum Stall hinaus
und nicht einmal die kleinste Maus.
Was sagte da Maria,
als sie die Tiere sah?
Was sagte da Maria?
„Sie sagte froh: „Bleibt da!“

Tierweihnacht

63

Text: Rolf Krenzer *Melodie: Paul G. Walter

2. Ich bin das Schaf
und steh' sonst brav
im Stall und mach' nur manchmal mäh.
Es sind da Leute
heute
in dem Stall.
Und ich staune, was ich seh'.

3. Ich bin die Kuh
und geb' sonst Ruh
im Stall. Die Krippe soll es sein?
Es legen Leute
heute
in dem Stall
dort das kleine Kind hinein.

4. He, Esel, steh,
was auch gescheh
im Stall. Denn Gottes Kind liegt hier.
Es gibt viel Freude
heute
hier im Stall.
Und das spürt jedes Tier.

5. Die Taube gurrt.
Die Katze schnurrt
im Stall. Weil allen das gefällt.
Ja, soviel Freude
heute
hier im Stall.
Gottes Sohn kam heut zur Welt.

Die Legende von den Schafen, die Weihnachten verschliefen

Text: Rolf Krenzer *Melodie: Paul G. Walter

64

2. Wer sah auf dem Hirtenfeld die Engel stehn?
Wirklich Engel stehn!
Wirklich Engel stehn!
Die Schafe, ach, die braven,
die haben nur geschlafen
‖: und haben nichts gesehn :‖

3. Wer sah dann die Hirten zu dem Stall schnell gehn?
Wer sah sie dann gehn?
Wer sah sie dann gehn?
Die Schafe, ach, die braven,
die haben nur geschlafen
‖: und haben nichts gesehn :‖

4. Hört und seht: Das Wunder ist heut nacht geschehn!
Heut ist es geschehn!
Heut ist es geschehn!
Ihr Schafe, ach, ihr braven,
wärt ihr nicht so verschlafen,
‖: dann hättet ihr's gesehn! :‖

5. Abteilung: Weil heute wieder Weihnacht ist

Weihnachtslieder

Dann ist Weihnachtszeit

Text: Rolf Krenzer *Melodie: Frank Stieper

2. Klingen leise Lieder,
machen uns bereit,
klingen leise Lieder
alle Jahre wieder,
dann ist Weihnachtszeit.

3. Spüren wir die Freude
trotz der Traurigkeit,
spüren wir die Freude
in uns hier und heute,
dann ist Weihnachtszeit.

Wann fängt Weihnachten an?

Text: Rolf Krenzer *Melodie: Paul G. Walter

66

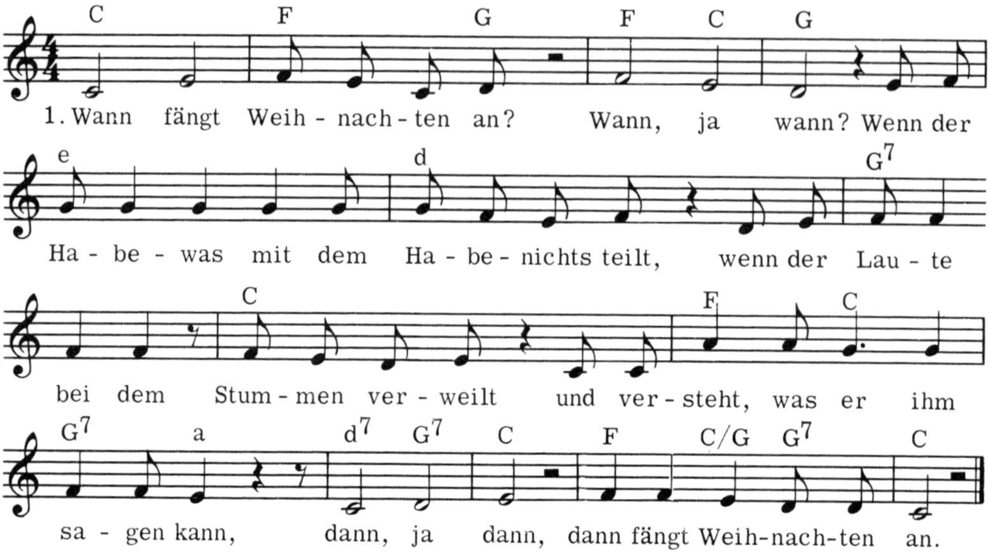

2. Wann fängt Weihnachten an?
Wann, ja wann?
wird, was klein ist, groß, und was groß ist, so klein,
wird der Schwache stark, der Starke schwach sein,
und nimmt einer so den andern an,
dann, ja dann,
dann fängt Weihnachten an.

3. Wann fängt Weihnachten an?
Wann, ja wann?
Zünden neu an wir dieses tröstende Licht,
das uns Liebe und den Frieden verspricht,
den uns Gott allein nur schenken kann,
dann, ja dann,
dann fängt Weihnachten an.

Der Engel

Text: Rolf Krenzer *Melodie: Detlef Jöcker

67

2. Hirten erschrecken
inmitten der Nacht
und haben zum Stall
auf den Weg sich gemacht.
Von Gott geschickt allein!
Das muß ein Engel,
wirklich, ein Engel
gewesen sein.

3. Frauen am Grabe.
Sie weinen vor Not.
Doch einer sagt da:
„Seht, er ist nicht mehr tot!
Und ihr dürft fröhlich sein!“
Das muß ein Engel,
wirklich, ein Engel
gewesen sein.

4. Hände wie deine.
Er tut was für dich.
Und du fragst: Warum
tut er sowas für mich?
Und sagst entschieden: Nein!
Das kann kein Engel,
wirklich, kein Engel
gewesen sein.

5. Hände wie deine,
wie du sein Gesicht.
Und er kommt von Gott,
und du weißt es noch nicht
und wirst nie sicher sein.
Das kann ein Engel,
wirklich, ein Engel
gewesen sein!

Da war im Dunkeln ein helles Funkeln

Text: Rolf Krenzer ·*Melodie: Ludger Edelkötter

68

Hört, es wurde ein Kind geboren

Text: Rolf Krenzer *Melodie: Siegfried Fietz

69

2. Seht, es wurde ein Kind geboren,
und am Himmel strahlt ein Stern.
Und es kamen viele Leute,
und sie fragten nach dem Herrn.

3. Sagt, wo ist denn das Kind geboren?
Ja, so fragte jedermann.
Gottes Sohn liegt in der Krippe.
Kommt zum Stall und schaut's euch an!

4. Ja, es wurde ein Kind geboren.
Seinen Namen wißt ihr schon.
Dieses Kind heißt Jesus Christus.
Dieses Kind ist Gottes Sohn!

5. Sagt es weiter so allen Leuten:
Dieses Kind heißt Jesus Christ.
Wir wolln wieder Weihnacht feiern,
weil dann sein Geburtstag ist.

Kleines Städtchen Bethlehem

70

2. Kleines Städtchen Bethlehem
nahe bei Jerusalem
unbedeutend und gering.
Trotz alledem,
bist du noch so klein,
sollst du ganz allein
Geburtsort unseres Herrn
und Königs sein.

Der zu uns gefunden,
der mit uns verbunden,
der unser Bruder ist.
Er wird bei uns stehen
und wird mit uns gehen,
weil Gott uns nie vergißt,
weil Gott uns nie vergißt.

3. Kleines Städtchen Bethlehem
nahe bei Jerusalem
unbedeutend und gering.
Trotz alledem,
bist du noch so klein,
sollst du ganz allein
Geburtsort unseres Herrn
und Königs sein.

Er wird sich erbarmen
der Schwachen und Armen,
der unser Bruder ist.
Er wird für uns leiden
und wird mit uns streiten,
weil Gott uns nie vergißt,
weil Gott uns nie vergißt.

4. Kleines Städtchen Bethlehem
nahe bei Jerusalem
unbedeutend und gering.
Trotz alledem,
bist du noch so klein,
sollst du ganz allein
Geburtsort unseres Herrn
und Königs sein.

Nach Matthäus 2,6.

Das Lied vom Weihnachtsstern

Text: Rolf Krenzer *Melodie: Paul G. Walter

71

2. Was hat der Stern am Himmel über
Bethlehem gesehn?
Im armen Stall ist dann das Wunder
in der Nacht geschehn.
Dort ist ein Kind geboren, und das
macht die Welt so froh.
Ja, Gottes Sohn liegt in der Krippe
mittendrin im Stroh.

3. Was hat der Stern am Himmel über
Bethlehem gesehn?
Er sah die Engel Gottes bei den
armen Hirten stehn.
Sie hörten ihre Botschaft und sie
ließen alles stehn
und machten sich gleich auf den Weg, um
nach dem Kind zu sehn.

4. Wer hat den Stern am Himmel über
Bethlehem gesehn?
Im fernen Land sah'n ihn drei Männer
hoch am Himmel stehn.
Was dieser Stern verkündet, die drei
Männer wußten's schon.
So machten sie sich auf den Weg und
fanden Gottes Sohn.

5. Der helle Stern am Himmel strahlte
mitten durch die Nacht,
weil Gottes Sohn dort in dem Stall uns
alle glücklich macht.
Weil Gott uns immer lieb hat, ist
das Wunder dort geschehn.
Das hat der Stern am Himmel
über Bethlehem gesehn.

Fröhliches Weihnachtslied

Text: Rolf Krenzer *Melodie: Paul G. Walter

72

2. Weil heute dein Geburtstag ist, bin ich so froh.
Weil du der Grund der Freude bist, drum pfeif' ich so:
Tititi …
‖: Weil heute dein Geburtstag ist, bin ich so froh :‖

3. Weil heute jeder sich so freut, bin ich so froh.
Es feiern heute alle Leut, drum lach' ich so:
Hahaha …
‖: Weil heute jeder sich so freut, bin ich so froh :‖

(Weitere Strophen siehe nächste Seite.)

4. Weil einer an den andern denkt, bin ich so froh.
Weil einer was dem andern schenkt, drum klatsch' ich so:
kschkschksch …
‖: Weil einer an den andern denkt, bin ich so froh. :‖

5. Weil Weihnachten mir so gefällt, bin ich so froh.
Es geht die Freude um die Welt, drum tanz' ich so:
tatatam …
‖: Weil Weihnachten mir so gefällt, bin ich so froh :‖

Sinkt die dunkle Nacht aufs Land – Kanon

Text: Rolf Krenzer *Melodie: Paul G. Walter

73

Teil 2

Wir feiern den Advent

Eins, zwei, drei, vier Kerzen – Adventskanon

Text: Elke Bräunling * Melodie: Paul G. Walter

aus: MC „Wir feiern den Advent“ – PGW 026/1990

74

Hanne: Jetzt wird es endlich dunkel!
Christian: Dann können wir nun auch die Kerzen am Adventskranz anzünden.
Vater: Aber doch nur eine. Die erste Kerze am ersten Advent. Und jeden Sonntag kommt eine hinzu.
Mutter: Bis alle vier Kerzen brennen.
Hanne: Und dann ist endlich Weihnachten.
Vater: Ja, und dann brennen alle Kerzen am Weihnachtsbaum!
Christian: Oh, das ist ja noch so lang!
Vater: So ein ganz bißchen geht es ja jetzt schon los.
Mutter: Seht doch nur, wie hell unsere Kerze brennt.
Hanne: Und es riecht schon ein bißchen nach Weihnachten.
Christian: Ja, wirklich schon ein bißchen!

Leuchtet, rote Kerzen

Text: Rolf Krenzer * Melodie: Paul G. Walter

aus: MC „Wir feiern den Advent“ – PGW 026/1990

75

2. Brennt die zweite Kerze,
wird es still im Haus.
Jeder wartet ganz gespannt
dann auf den Nikolaus.
Leuchtet, leuchtet,
rote Kerzen,
leuchtet für uns heut!
Leuchtet, leuchtet
in die Herzen,
daß sich jeder freut.

3. Brennt die dritte Kerze,
dann seid auf der Hut!
Wenn ihr Weihnachtsplätzchen backt,
ja, dann versteckt sie gut!
Leuchtet, leuchtet,
rote Kerzen,
leuchtet für uns heut!
Leuchtet, leuchtet
in die Herzen,
daß sich jeder freut.

4. Brennt die vierte Kerze,
ist es bald soweit!
Und es steht der Weihnachtsbaum
im Keller schon bereit.
Leuchtet, leuchtet,
rote Kerzen,
leuchtet für uns heut!
Leuchtet, leuchtet
in die Herzen,
daß sich jeder freut.

5. Zünden wir am Baum dann
alle Kerzen an,
singen wir nochmal dies Lied,
weil es ja jeder kann.
|: Leuchtet, leuchtet,
Weihnachtskerzen,
leuchtet für uns heut!
Leuchtet, leuchtet
in die Herzen,
daß sich jeder freut. :|

Mutter: Ich weiß ein Gedicht!
Vater: Ein Adventskranzgedicht?
Christian: Ein Adventskranzkerzengedicht?
Mutter: Ein Adventskranzkerzenzeitgedicht!
Hanne: Und wie geht das?
Mutter: So!
Hört zu!

Wenn am Kranz die Kerze brennt,
dann ist es soweit:
Dann beginnt die ach so tolle
wundervoll geheimnisvolle
Adventskranzkerzenzeit. Elke Bräunling

Hanne: Adventskranzkerzenzeit ist aber schwer.
Christian: Wenn es ein bißchen einfacher wäre ...
Mutter: Dann kann man es sogar singen!

Und ein Licht brennt – Adventskranzlied

Text: Elke Bräunling * Melodie: Paul G. Walter

aus: MC „Wir feiern den Advent“ – PGW 026/1990

76

2. Dämmerlicht
und Kerzenschimmer,
kuschlig warm
in unserm Zimmer.
Und ein Licht brennt:
Es ist Advent.

3. Dunkle Zeit
und stille Freude,
kuschlig warm
ist's bei uns heute.
Und ein Licht brennt:
Es ist Advent.

Christian: Und wie ist das mit den Barbarazweigen?
Mutter: Die Zweige in der Vase?
Hanne: Ja, dort die kahlen Zweige!
Mutter: Nun, das will ich euch gern erzählen.

Ein kleines Wunder

„In der Adventszeit", hat Vati am Abend erzählt, „gibt es viele schöne Dinge. Alles ist sehr geheimnisvoll, und manchmal geschieht sogar ein kleines Wunder."
Das hat Gabi und Julian überrascht.
„Ein kleines Wunder?" haben sie gefragt.
Der Vater hat nur genickt und geheimnisvoll „Laßt euch mal überraschen" gesagt.
Gabi und Julian sind ganz schön neugierig geworden. Noch lange vor dem Einschlafen haben sie über dieses kleine Wunder nachgedacht.

Am nächsten Tag gehen Gabi und Julian mit der Mutter in den Garten. Sie pflücken Kirschzweige, häßliche, kahle, braune Kirschzweige.
„Heute ist nämlich Barbaratag", sagt die Mutter, „und zu Ehren der heiligen Barbara pflückt man einen Strauß Zweige und stellt ihn in die Vase ins warme Zimmer."

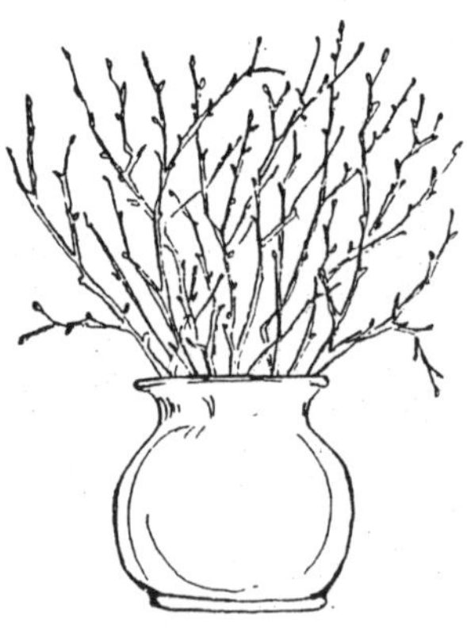

„Das ist aber ein langweiliger Strauß", murrt Julian. Und Gabi sagt traurig: „Die arme Barbara!"
Die Mutter lächelt.
„Bald", sagt sie, „werdet ihr mit diesen Zweigen ein kleines Wunder erleben. Ihr werdet sehen."
Gabi und Julian sind nun noch neugieriger geworden, doch die Mutter lächelt nur geheimnisvoll. Mit leiser Stimme spricht sie das Gedicht vom Winter-Weihnachtswunder:

Das Winter-Weihnachtswunder

Mit einem Kirschzweig,
bei Kälte gepflückt,
hast du dir einmal
dein Zimmer geschmückt.

An einem Kirschzweig
blüht's kirschblütenweiß
am Weihnachtstage
trotz Schnee und trotz Eis.

Mit einem Kirschzweig
– hast du's gesehn? –
kann tief im Winter
ein Wunder geschehn.

© Elke Bräunling

Vater: Ich weiß auch eine Geschichte!
Christian: Eine Adventskranzkerzenzeitgeschichte?
Vater: Nein, aber eine Geschichte vom Nikolaus.

Der Nikolaus im Kindergarten

Heute war es endlich soweit! Endlich war Nikolaustag! Die Kinder im Kindergarten freuten sich sehr darauf, und einige erinnerten sich daran, wie es im letzten Jahr gewesen war. Sie hatten im Kreis gesessen und gewartet. Plötzlich hatte es ganz laut an die Tür geklopft. Da hatten sie alle „Herein!“ gerufen, und der Nikolaus war wirklich zu ihnen gekommen.
„Heute kommt er sicher nicht!“ meinte Frau Müller und lächelte ein bißchen. „Es gibt so viele Kindergärten. Und in jeden Kindergarten kann er einfach nicht kommen!“
„Schade!“ meinten ein paar Kinder. Und Manuel mußte daran denken, daß der Nikolaus letztes Jahr auch nicht zu ihm nach Hause gekommen war. Wenn er nicht in den Kindergarten gekommen wäre, hätte er ihn nie gesehen.
„Wir können uns aber doch in den Kreis setzen?“ fragte Lars.
„Natürlich!“ Frau Müller nickte. „Das können wir!“
„Vielleicht kommt er doch!“ sagte dann Lutz, als er seinen Stuhl neben Anita stellte.
„Hoffentlich!“ sagte sie.
„Und du mußt sicher mal aufs Klo?“ fragte Frau Müller und blickte Jule ganz seltsam an.
„Natürlich!“ sagte Jule. „Soll ich jetzt?“
„Wenn du nicht mußt, bleib doch hier!“ meinte Nicole, Jules beste Freundin. Sie wunderte sich ein bißchen über Frau Müller und über Jule. Es war ganz anders als sonst.
Doch Jule stand schnell auf, nickte Frau Müller zu und ging nach draußen. Dann stimmte Frau Müller ein Nikolauslied an, und alle sangen laut und fröhlich mit.
Als sie fertig waren, warteten sie auf ein Klopfen an der Tür. Sie sahen Frau Müller erwartungsvoll an. Doch Frau Müller zuckte nur mit der Schulter. Da sangen sie: „Laßt uns froh und munter sein.“
Doch dann klopfte es immer noch nicht.
„Vielleicht kommt er wirklich nicht!“ sagte Manuel traurig.
„Wir kennen ja noch ein Nikolauslied!“ meinte Frau Müller.
„Sogar noch zwei!“ rief Elke.
Und so sangen sie erst das eine noch und dann das andere. Als sie aber gerade bei der dritten Strophe waren, da klopfte es wirklich ganz laut an die Tür.
„Der Nikolaus ist doch da!“ schrien die Kinder. Manche versteckten sich auch ein bißchen hinter den anderen, weil sie ein ganz bißchen Angst hatten.
Aber dann mußten alle plötzlich ganz laut lachen. Hinter dem Nikolaus kam nämlich noch ein kleiner Nikolaus durch die Tür. Der war nicht größer als sie selbst. Aber er hatte einen langen weißen Bart und trug Stiefel und hatte genauso wie der große Nikolaus einen Sack auf dem Rücken. Nur ein bißchen kleiner war der Sack. Es war eben ein recht kleiner Nikolaus.
„Ich habe heute mal meinen kleinen Nikolaus-Sohn mitgebracht!“ sagte der Nikolaus freundlich. „Dann braucht keiner mehr Angst zu haben. Und der Kleine soll ja auch lernen, ein richtiger Nikolaus zu werden! Man muß früh damit anfangen!“
Ja, letztes Jahr, da hatte die Jule vor Angst laut geweint. Sie hatte noch

nicht einmal dem Nikolaus die Hand gegeben. Hinter Frau Müllers Rock hatte sie sich versteckt.
Der Nikolaus gab allen die Hand, und der kleine Nikolaus machte es genauso.
„Sind denn alle da?“ fragte dann der Nikolaus.
„Die Jule ist auf dem Klo!“ rief Nicole sogleich.
„Sicher hat sie wieder Angst vor dir! fügte Manuel hinzu.
„Aber vor mir doch nicht!“ sagte der kleine Nikolaus. Er hatte eine ganz helle Stimme.
„Man kann nie wissen!“ lachte Frau Müller und blinzelte dem großen und dem kleinen Nikolaus zu.
Dann war alles wie im letzten Jahr. Sie sangen noch einmal alle Nikolauslieder, die sie kannten, und er Nikolaus freute sich. Der kleine Nikolaus sang sogar ein bißchen mit.
Und dann packte der Nikolaus seinen Sack aus und hatte für jedes Kind etwas. Der kleine Nikolaus hatte aber nur ein einziges Geschenk in seinem Sack. Mehr hätte auch nicht hineingepaßt. Aber dieses eine Geschenk war nicht für die Kinder, sondern für Frau Müller. Und Frau Müller freute sich. Sie hatte sonst noch nie etwas vom Nikolaus bekommen. Natürlich mußte sie es gleich auspacken. Und es war eine große Schachtel Pralinen. Genau die Sorte, die Frau Müller so gern aß. Da wußte doch auch der kleine Nikolaus ganz genau Bescheid.
„Ja, ja!“ brummelte der große Nikolaus. „Er hat schon eine ganze Menge gelernt!“ Und er legte dem kleinen Nikolaus seinen Arm um die Schulter. „Jetzt müssen wir aber weiter!“ sagte er dann. „Wir wollen noch zu vielen Kindern!“
„Auch zu dem Kindergarten in der Bleichstraße?“ fragte Elfie.
„Natürlich!“ sagte der Nikolaus. „Da warten die Kinder auch!“
So sangen sie dem großen und dem kleinen Nikolaus noch ein Adventslied, und dann gingen beide davon. Die Kinder winkten ihnen nach, bis sie aus der Tür herausgegangen waren.
Als sie dann auspackten, was ihnen der Nikolaus mitgebracht hatte, freuten sie sich über die Plätzchen und über alle die schönen Dinge, die noch in den Säckchen waren.
„Schade, daß die Jule nicht da war!“ sagte André. „Jetzt hat sie nichts vom Nikolaus bekommen.“
Doch als sie zu Jules Stuhl schauten, lag auch dort ein Nikolaussäckchen. Wie war es nur dort hingekommen?
„Der Nikolaus vergißt die Jule doch nicht!“ meinte Frau Müller und schmunzelte. Und als die Jule dann endlich wieder vom Klo kam, da erzählten ihr alle, daß der Nikolaus dagewesen war. Sogar seinen kleinen Sohn hatte er mitgebracht.
„Schade!“ sagten die Kinder.
„Bist du wegen dem Nikolaus aufs Klo?“ fragten sie.
Jule zuckte mit der Schulter und sah Frau Müller an. Da mußten beide lachen. Als sich Jule aber dann in den Kreis setzte und ihr Nikolaussäckchen auspackte, da zeigte der dicke Olaf plötzlich mit seinem ausgestreckten Zeigefinger auf Jule und schrie: „Du hast ja dieselben Stiefel an wie der kleine Nikolaus!“
„Du merkst aber auch alles!“ lachte Frau Müller.
„Hast du dich als Nikolaus verkleidet?“ fragten die Kinder wild durcheinander. Sie konnten es einfach nicht

fassen. „Warst du der kleine Nikolaus?"
„Ich glaube, ich muß noch mal aufs Klo!" rief da Jule und lief so schnell sie konnte hinaus.
Und dann kam der kleine Nikolaus noch einmal. Es war wirklich die kleine Jule. Das sahen alle, als sie die Mütze und den Bart abnahm.
„Wir wollen doch einen Nikolaustanz machen!" sagte Frau Müller. „Und deshalb durfte Jule heute das neue Kostüm zum allererstenmal ausprobieren. Sie hat draußen vor der Tür mit Frau Schulte auf den Nikolaus gewartet. Frau Schulte hat ihr auch beim Anziehen geholfen."
Sie blickte sich in der Runde um. „Na, ist uns die Überraschung gelungen?"
„Und hast du keine Angst gehabt?" fragte Nicole. „Kein bißchen?"
Jule schüttelte den Kopf. „Ich bin doch nicht mehr so klein wie voriges Jahr! Ich bin seitdem neun Zentimeter gewachsen!"
Aber dann wollten alle unbedingt das Nikolauskostüm für den Nikolaustanz ausprobieren.

Seid still! – Nikolauslied

Text: Rolf Krenzer * Melodie: Paul G. Walter

aus: MC „Wir feiern den Advent" – PGW 026/1990

77

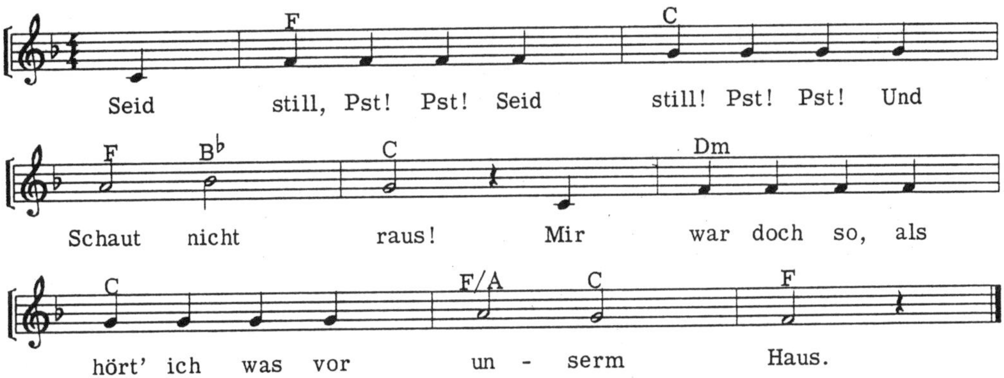

2. Seid still! Pst! Pst!
Seid still! Pst! Pst!
Rückt nah zu mir!
Mir war doch so,
als hört' ich was
vor unsrer Tür!

3. Es klopft, bum, bum,
es klopft, bum, bum.
Wer mag das sein?
Hier draußen steht
der Nikolaus.
Drum laßt ihn ein!

4. Es klopft, bum, bum,
es klopft, bum, bum,
an unsre Tür.
Der Nikolaus,
der Nikolaus
ist endlich hier!

5. Da öffnen wir,
da öffnen wir
sogleich die Tür
und singen froh:
Der Nikolaus
ist wieder hier!

6. Er hat, ho-ho,
er hat, ha-ha,
ganz laut gelacht
und hat für dich
und auch für mich
was mitgebracht.

7. Doch dann, bum, bum,
doch dann, bum, bum,
dann muß er gehn.
Wir sagen froh
auf Wiedersehn
und dankeschön!

Christian: Wenn der Nikolaus kommt, ist es immer ganz spannend.
Hanne: Und so geheimnisvoll.
Christian: Man wartet und wartet. Plötzlich klopft es bum, bum, an die Tür, und dann ist er da.
Hanne: Wie in dem Lied vom Nikolaus.
Mutter: Mir war doch so, als hört' ich was!
Christian: Wo?
Hanne: So heißt es doch im Lied!
Vater: Und was ist dann?
Christian: Dann ist es natürlich der Nikolaus!
Christian: Kann man wirklich einen richtigen Nikolaustanz tanzen?
Mutter: Mit einem Nikolaus in der Mitte?
Hanne: Sogar mit vielen Nikoläusen.
Wir tanzen auch einen Nikolaustanz im Kindergarten.
O weh!
Vater: Was ist denn?
Hanne: Das wollte ich doch nicht verraten. Das soll doch eine Überraschung für euch werden. Für die Weihnachtsfeier.
Mutter: Ehrenwort! Wir verraten nichts!
Hanne: Ganz einfach. Wir fassen uns an den Händen, so daß es ein ganz großer Kreis wird, und der Nikolaus steht in der Mitte und tanzt. Erst einer und dann immer mehr Nikoläuse. Ganz viele!
Vater: Und wo habt ihr die Musik dazu her?
Hanne: Das singen wir doch!
Kennst du den Nikolaustanz nicht?

Ja, so tanzt der Nikolaus – Nikolaustanz

Text: Rolf Krenzer * Melodie: Paul G. Walter

aus: MC „Dreh dich wie ein dicker Bär"

78
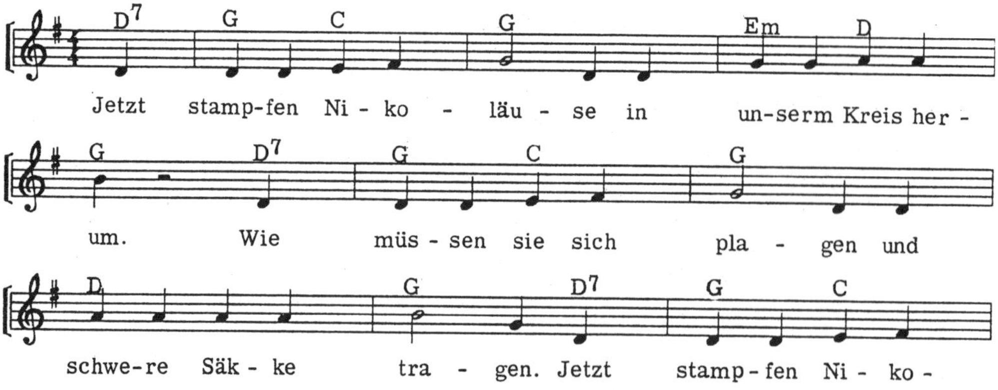

Mutter: Wollt ihr noch ein Nikolausgedicht hören?
Hanne: Aber ein ganz kurzes!
Mutter: *Es raschelt und knistert,*
es tuschelt und wispert,
es rumpelt
und pumpelt
vor unserer Tür.
Was ist geschehn?
Hast du's gesehn?
Der Nikolaus war hier! Elke Bräunling

Vater: Und woran erkennt man, daß der Nikolaus da war?
Christian: An den Spielsachen, die er mitgebracht hat.
Vater: Vielleicht!
Hanne: Nun sag es schon!
Vater: An den Plätzchenkrümeln, die dann überall herumliegen.
Christian: Komisch, vorgestern haben wir Plätzchen gebacken.
Vater: Was ist daran komisch?
Christian: Gestern hat uns der Nikolaus die Plätzchen gebracht, die wir vorgestern selbst gebacken haben!

Plätzchen backen

Text: Rolf Krenzer * Melodie: Paul G. Walter

aus: MC „Was können wir spielen?" – PGW 022

79

2. Auch Butter muß im Teig noch sein,
wir gießen Milch, wir gießen Milch,
wir gießen Milch noch mit hinein.

3. Der Teig soll leicht und locker sein,
wir schlagen Eier, wir schlagen Eier
auch noch in unsern Teig hinein.

4. Damit der Teig auch richtig wird,
wird Backpulver, wird Backpulver,
wird Backpulver hineingerührt.

5. Fängt einer erst zu rühren an,
dann hilft ihm gleich, dann hilft ihm gleich,
dann hilft ihm gleich ein jedermann.

6. Fängt einer dann zu kneten an,
dann knetet jeder, dann knetet jeder,
dann knetet jeder, was er kann.

7. Nun rollen wir den Teig noch aus
und stechen dann, und stechen dann,
und stechen dann die Plätzchen aus.

8. Die Plätzchen werden köstlich sein,
drum schiebt sie in, drum schiebt sie in,
drum schiebt sie in den Ofen rein!

9. Es duftet schon das ganze Haus,
drum holt sie raus, drum holt sie raus,
drum holt sie aus dem Ofen raus!

10. Und jeder sieht bei uns zu Haus
noch mehliger, noch mehliger als,
noch mehliger als die Plätzchen aus.

Die einzelnen Tätigkeiten werden zu dem Lied aufgeführt.

Christian: Vor Weihnachten ist es am allerschönsten!
Hanne: Die Adventszeit ist die schönste Zeit im Jahr!
Mutter: Auch die fleißigste. Was ihr allein dieses Jahr schon viele Wunschzettel geschrieben habt!
Christian: Es fällt einem ja auch immer noch etwas ein.
Hanne: Und was ich schon gebastelt habe!
Christian: Und für euch verpackt!
Vater: Wir müssen auch bald den Weihnachtsbaum besorgen!
Hanne: Und noch mehr Plätzchen backen!
Mutter: Hört auf, hört auf! So viele Dinge, an die man denken muß, gibt es ja sonst das ganze Jahr über nicht!
Christian: Eben!
Vater: Was heißt eben?
Christian: Eben deshalb ist die Adventszeit die schönste Zeit im Jahr!

Der Advent ist da

Text: Rolf Krenzer * Melodie: Paul G. Walter

aus: MC „Wir feiern den Advent“ – PGW 026/1990

2. Wenn wir flüstern, heimlich tuscheln,
eng uns aneinander kuscheln,
flüstern, tuscheln
und uns kuscheln,
dann weiß jeder gleich Bescheid:
|: Der Advent ist da
und die schönste Zeit. :|

3. Wenn zu Haus beim Plätzchenbacken
alle Leute mitanpacken,
Plätzchen backen,
mitanpacken,
dann weiß jeder gleich Bescheid:
|: Der Advent ist da
und die schönste Zeit. :|

4. Und wenn wir im Kindergarten
auf den Nikolaus dann warten,
Kindergarten,
warten, warten,
dann weiß jeder gleich Bescheid:
|: Der Advent ist da
und die schönste Zeit. :|

5. Wenn vor unsern Fensterscheiben
erste weiße Flocken treiben,
Fensterscheiben,
Flocken treiben,
dann weiß jeder gleich Bescheid:
|: Der Advent ist da
und die schönste Zeit. :|

6. Wenn wir Weihnachtspost frankieren
und dann Bratäpfel probieren,
Post frankieren,
dann probieren,
dann weiß jeder gleich Bescheid:
|: Der Advent ist da
und die schönste Zeit. :|

7. Wenn wir basteln, hämmern, schneiden
und die Luft voll Heimlichkeiten,
basteln, schneiden,
Heimlichkeiten,
dann weiß jeder gleich Bescheid:
|: Der Advent ist da
und die schönste Zeit. :|

8. Wenn wir dann zum Christmarkt laufen
und den Weihnachtsbaum dort kaufen,
Christmarkt laufen,
Baum dort kaufen,
dann weiß jeder gleich Bescheid:
|: Der Advent ist da
und die schönste Zeit. :|

9. Singen wir dann immer wieder
all die schönen Weihnachtslieder,
immer wieder
Weihnachtslieder,
dann weiß jeder gleich Bescheid:
|: Der Advent ist da
und die schönste Zeit. :|

Vater: Eigentlich feiern wir aus einem ganz anderen Grund Advent.
Mutter: Advent heißt Ankunft!
Vater: Wen und wessen Ankunft erwarten wir denn im Advent?
Christian: Weiß du das wirklich nicht?
Hanne: Natürlich warten wir auf das Kind im Stall.
Mutter: Wir bereiten uns darauf vor.
Vater: Und wir zünden deshalb die Adventskerzen an.
Jeder Adventssonntag bringt uns Weihnachten ein bißchen näher.
Hanne: Jeder Tag im Adventskalender aber auch!
Christian: Wenn unsre Kerze brennt, dann feiern wir Advent!
Mutter: Ja, so ist das!

Wir feiern den Advent

Text: Rolf Krenzer * Melodie: Paul G. Walter

aus: MC „Wir feiern den Advent“ – PGW 026/1990

81

2. Wir machen uns bereit,
wir machen uns bereit,
jetzt für die Weihnachtszeit,
jetzt für die Weihnachtszeit,
als Gottes Sohn zur Welt gebracht
in einer dunklen Nacht.
|: Wir machen uns bereit.
Wir machen uns bereit. :|

3. Da kam das Licht herein,
da kam das Licht herein,
zu uns mit seinem Schein,
zu uns mit seinem Schein.
Wir freun uns, wenn die Kerze brennt,
und feiern den Advent.
|: Wir feiern den Advent.
Wir feiern den Advent. :|

Rätselraten im Advent

Vater: In der Adventszeit gibt es viele Nüsse zu knacken.
Christian: Ich weiß: Haselnüsse, Walnüsse, Paranüsse ...
Hanne: ... und Pistazien.
Vater: Ganz andere Nüsse! Ich geb' euch mal eine zu knacken:

Mit vierundzwanzig kleinen Türen,
die euch durch die Tage führen,
hängt er stumm an der Wand
und ist jedem Kind bekannt. (Adventskalender)

Christian: Ach, solche Nüsse meinst du. Rätselnüsse.
Hanne: Ich weiß auch ein Rätsel:

Es gibt hier viel zu sehn,
und jeder bleibt gern stehn,
seht, wie sie alle laufen
und schöne Dinge kaufen.
Oh, hier ist's wunderschön.
Laßt uns doch auch hingehn! (Weihnachtsmarkt)

Mutter: Ich weiß auch eins:

Kahle, dunkle Zweige
hab' ich heimgebracht,
und sie werden blühen
in der Weihnachtsnacht. (Barbarazweige)

Vater: Und noch eines:

Ein kleiner Stern,
ganz glitzerweiß
auf meiner Hand
aus kaltem Eis.
Ein kleiner Stern
vom Himmel fällt
auf unsre kalte
Winterwelt. (Schneeflocke)

Christian: Und was ist das?

Irgendwann,
du denkst gar nicht dran,
kommt er ganz leise
bei uns an.
Es wird kalt
und kälter, und dann
fangen die Wolken
zu weinen an.
Es wird hell
und heller, und dann
haben Bäume
schneeweiße Mützen an. (Winter)

Hanne: Oh, vom Winter kenn' ich auch noch eine Rätselnuß:

Zart blüht es,
kirschblütenweiß,
an meinem Fenster
bei Schnee und bei Eis.
Und ich seh's mir
vorsichtig an
und frag' mich,
ob der Winter
zaubern kann? (Eisblumen)

Mutter: Und wie ist es damit?

Alle Jahre wieder
singen alle Lieder
von Tannenduft und Kerzenschein,
von Heimlichkeit und Fröhlichsein,
und eine Kerze brennt.
Es ist ... (Advent)

Vater: Dazu fällt mir auch noch ein Rätsel ein:

Saftig, nussig, süß und zart,
honiggelb und nicht zu hart,
würzig mild und köstlich fein
müssen ... sein. (Pfefferkuchen)

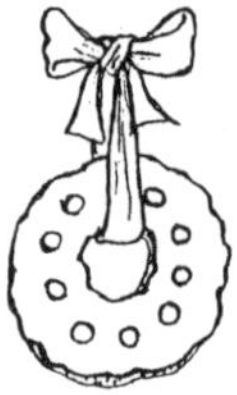 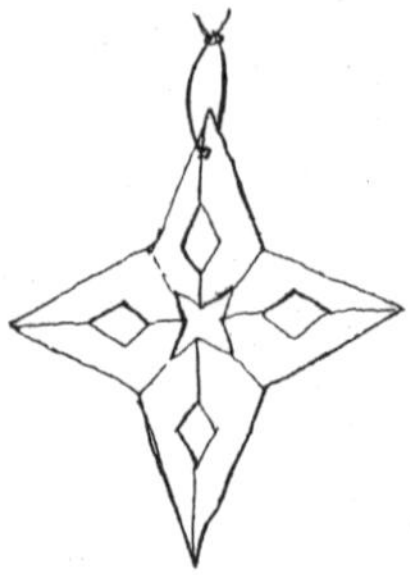 

Christian: Oder dies:

Duftig, zuckrig, mürb und rund,
mandelsüß und glitzerbunt,
lecker frisch und knusprig fein
müssen . . . sein. (Weihnachtsplätzchen)

Mutter: Oh, ihr Leckermäuler! Hier ist etwas, was man nicht essen kann:

Himmelslicht und heller Schein,
Christbaumschmuck ganz silberfein,
vieles kann er uns berichten
von den heiligen Geschichten. (Stern)

Hanne: Und kennt ihr den?

Es war jemand da
bei mir kurz vor acht,
der hat mir sogar
ein Geschenk mitgebracht
und hat mich, 's ist wahr,
ganz lieb angelacht. (Nikolaus)

Christian: Da fällt mir auch noch ein Rätsel ein:

Ich weiß es,
du weißt es nicht.
Du machst vor Neugier
ein böses Gesicht.
Ich weiß es
und verrat es nicht,
weil man darüber
vor Weihnacht nicht spricht. (Weihnachtsgeheimnis)

Hanne: Hihi. Ich hab auch ein Geheimnis:

Mal ist es bunt,
mal lang, mal rund,
versteckt in Glitzerglanzpapier.
Und das schenk' ich dir. (Weihnachtspäckchen)

Mutter: Kennt ihr das?

Grünes Kleid
mit roten Kerzen,
Glitzerschmuck
und Silberherzen,
steht er immer
hier im Zimmer,
wenn es wieder Weihnacht ist.
Wißt ihr, wer das ist? (Weihnachtsbaum)

Christian: Ein Rätsel fällt mir noch ein:

Ich schreib' ihn,
ihr lest ihn
und werft ihn dann weg,
weil er wieder einmal
viel zu lang ist. (Wunschzettel)

Vater: Hoho. Das ist aber ein richtiges Christian-Rätsel. Jetzt habe ich aber auch noch eines, aber überlegt gut, es ist nicht einfach:

Sie kommen ganz leise,
auf heimliche Weise,
– psst – schon sind sie hier,
und dann liegt auf einmal
ein Päckchen vor dir. (Weihnachtswichtel)

Christian: In der Adventszeit ist jeder froh!
Hanne: Der Timo hat keinen Adventskranz.
Christian: Und was macht er jetzt?
Hanne: Jetzt guckt er Fernsehen.
Vater: Eigentlich schade, denn Advent ist nur einmal im Jahr!
Mutter: Ich weiß da eine Geschichte von Nils und Maria.
Hanne: Ich dachte, du wolltest uns was vom Fernsehen erzählen?
Mutter: Mit Fernsehen hat die Geschichte auch etwas zu tun. Sehr viel sogar!

Dinosaurier im Advent

Heute morgen erzählen die Kinder wieder, was sie gestern abend im Fernsehen gesehen haben. „Es war spannend!" meint Lutz. „So spannend, daß ich nachher immer noch dran denken mußte und nicht einschlafen konnte."
„Hast du das auch gesehen?" fragt Esther und stößt Nils ein bißchen an.
Nils schüttelt den Kopf. „Wir sehen jetzt kein Fernsehen!" sagt er.
Da müssen alle lachen. „Ihr habt aber doch einen Fernseher?" fragt Luzia.
Nils nickt. „Natürlich! Und einen Videorecorder!"
„Und du hast gestern nichts gesehen?"
Wieder schüttelt Nils den Kopf. „Bei uns ist das ganz anders!" sagt er dann. „Jeden Abend im Advent warten wir, bis es ein bißchen dunkel wird. Und dann steckt meine Mutter die Kerzen am Adventskranz an. Und dann singen wir, und sie erzählt uns eine Geschichte."
„Das ist doch langweilig!" Die Kinder sehen Nils verwundert an. Ausgerechnet Nils, der sonst immer der erste ist, wenn es etwas Lustiges oder Spannendes im Kindergarten gibt, ausgerechnet Nils sieht jetzt kein Fernsehen, wenn die Dinosaurier im Fernsehen kommen.
„Es war gestern so schön, daß wir das Fernsehen wieder vergessen haben!" sagt er und erinnert sich daran, daß er eigentlich auch sehen wollte. Aber er hat sogar vergessen, seine Mutter danach zu fragen.
„Wir haben gesungen und die Plätzchen probiert, die wir am Nachmittag gebacken haben", meint er nachdenklich. „Und als dann mein Papa kam, hat er noch Nüsse mitgebracht. Und dann war es so spät, daß wir schon zu Abend gegessen haben."
Lutz und Anne haben auch einen Adventskranz zu Hause. Aber sie stekken die Kerzen nicht oft an. Manchmal nur zum Fernsehen. Sie gucken sogar Fernsehen beim Abendessen.
„Wir auch!" rufen noch ein paar Kinder.
Aber Maria, die sonst nie viel sagt, stellt sich plötzlich neben Nils. „Wir zünden abends auch immer die Kerzen an. Und das ist viel schöner als Fernsehen!"
Nils nickt. „Und es ist ja auch nur vor Weihnachten!"
„Und Fernsehen ist sonst immer!" bestätigt Maria.
„Ja, und Advent ist so schnell vorbei!" meint Nils. „Jetzt ist es nur noch eine Woche!"
Die andern wundern sich nur. Ein paar machen sich auch über Maria und Nils lustig. „Einen Adventskranz haben wir doch auch im Kindergarten!" sagt Ludger schließlich.
„Und wenn wir hier singen, braucht man es doch nicht mehr zu Hause!"
„Zu Hause ist es aber noch schöner!" meint Maria nachdenklich. „Dann haben wir alle füreinander Zeit. Und es ist so richtig gemütlich bei uns!"
„Und es riecht so gut nach Tannenzweigen!" fügt Nils hinzu.
Aber die andern kümmern sich nicht mehr um Nils und Maria. Sie bedrängen Frau Klein, daß sie jetzt endlich wie jeden Morgen wieder die Kerzen am Adventskranz anzündet.
Nur Florian ist noch da. „Meine Mutti ist noch in der Klinik!" sagt er leise. Maria und Nils nicken. Sie wissen ja, daß Florian am Samstag ein Schwesterchen bekommen hat. Frau Klein

hat es allen erzählt, und sie haben Florian die Hand gegeben und ihm zu der kleinen Natalie gratuliert.
„Morgen kommen sie nach Hause, meine Mutti und Natalie!“ sagt Florian leise, und seine Augen beginnen zu strahlen. „Und dann machen wir es zu Hause bestimmt auch wieder so. Wir haben auch einen Adventskranz. Aber seit Mutti in der Klinik ist, hat Vati keine Zeit. Er besucht sie ja immer nach der Arbeit.“
„Und was machst du?“ fragt Maria.
„Ich muß immer fernsehen, bis er kommt!“ sagt Florian und lacht ein bißchen.
„Aber morgen zünden wir auch wieder die Kerzen an!“ meint er dann. „Dann sind wir alle wieder zusammen. Und dann ist es auch wieder richtig schön bei uns!“
Als Florian dann mit den beiden Kindern zu seinem Platz im Stuhlkreis geht, hat Frau Klein die Kerzen bereits angezündet.
Sie stimmt ein Lied an und erzählt dann eine schöne Weihnachtsgeschichte. Und keiner denkt mehr an die Dinosaurier von gestern abend im Fernsehen. © Rolf Krenzer

Hanne: Wißt ihr, was ich mir zu Weihnachten wünsche?
Vater: Eine Puppe?
Hanne: Hab' ich doch schon!
Christian: Einen Cassettenrecorder?
Hanne: Mit Musik hat es was zu tun!
Christian: Eine Cassette?
Hanne: Das ratet ihr nie!
Eine Mundharmonika!
Mutter: So! Und warum?
Hanne: Dann kann ich alle Weihnachtslieder auf der Mundharmonika spielen.
So wie der kleine Hirtenjunge.

Lied des kleinen Hirten mit der Mundharmonika

Text: Rolf Krenzer * Melodie: Rolf Krenzer

aus: MC „Wir feiern den Advent" – PGW 026/1990

82

2. Kann es noch nicht fassen
was heut nacht geschehn,
lief mit allen los,
um nach dem Kind zu sehn.
Jeder hat heut nacht
ihm was mitgebracht.
Ich hatt' nichts als meine Mundharmonika.

3. Dunkel war's im Stall,
und draußen blies der Wind.
In der Krippe lag im Stroh
das Gotteskind.
Und wir knieten all
nieder in dem Stall.
Ich mit meiner kleinen Mundharmonika.

4. Was wir geben konnten,
schenkte jeder heut.
Und sie freuten sich,
denn es war'n arme Leut.
Und ich spielt' ein Lied
– alle summten mit –
für das Kind auf meiner Mundharmonika.

5. Ich hab' eine kleine Mundharmonika,
und war Gottes Sohn
im Stall heut nacht so nah.
Seit ich selbst gesehn,
was heut nacht geschehn,
klingt so froh die kleine Mundharmonika.

Christian: Ich würde dem Kind einen Apfel schenken.
Hanne: Hat dir das Lied nicht gefallen?
Christian: Aber ich kann ja nicht Mundharmonika spielen!
Wir spielen im Kindergarten ein ganz anderes Krippenspiel.
Wenn einer dazu Mundharmonika spielen könnte, wäre das gut!
Mutter: Aber euer Spiel ist doch auch ohne Mundharmonikaspiel
bestimmt sehr schön!
Christian: Das wirst du ja bei unserer Weihnachtsfeier sehen!

Krippenspiel

. . . und das Kind lacht

Maria und Josef:

Maria: Vom Wandern waren wir so matt,
Josef: doch gab's kein Bett in dieser Stadt.
Maria: Wir fragten, wohin solln wir gehn?
Josef: Da haben wir den Stall gesehn.
Maria: Den Stall so warm, mit Heu und Stroh.
Josef: Da waren wir von Herzen froh.
Beide: Weil wir uns freuen, knien wir
dankbar vor der Krippe hier.
Seht, das Kind, es geht ihm gut,
und sein Lachen macht uns Mut.

Hirten

1. Hirt: Ein Engel kam zu uns aufs Feld
2. Hirt: und hat uns von dem Kind erzählt,
3. Hirt: das in der Krippe liegt im Stall.
4. Hirt: Der Engel sagte: „Freut euch all!"
5. Hirt: Schnell haben wir uns aufgemacht
6. Hirt: und Gaben für euch mitgebracht.
Alle: Weil wir uns freuen, knien wir
dankbar vor der Krippe hier.
Seht, das Kind, es lacht uns an,
daß sich jeder freuen kann.

Könige

1. König: Ein Stern stand hell am Himmelszelt
und hat uns von dem Kind erzählt.
2. König: Drum haben wir uns aufgemacht
zum Kind im Stall in dieser Nacht.
3. König: Seht, da liegt das Kind im Stroh,
und es macht uns alle froh.
Alle: Weil wir uns freuen, knien wir
dankbar vor der Krippe hier.
Seht, das Kind, wie lieb es lacht,
und uns alle glücklich macht.

... alle kommen zum Stall

Die Szenen werden nach und nach aufgebaut. Ein Spieler beginnt. Dann kommt der nächste hinzu, dann der dritte usw. Es werden jeweils dann, wenn der nächste Spieler hinzukommt, die Sätze und Bewegungen der Spieler, die vor ihm auf der Bühne waren, wiederholt. Bei jedem neuen Spieler wird das Spiel ein Stück länger.

1. Spieler: Hier ist der Stall.

Er deutet auf die Mitte der Bühne, auf der zwei Stühle stehen.

2. u. 3. Spieler: Wir sind das große Tor. Das Tor öffnet sich.

Die Spieler halten sich zunächst an den Händen gefaßt,
gehen dann langsam auseinander, jeder auf die andere Spielseite.

4. Spieler: Ich bin der Esel, der im Stall steht.
5. Spieler: Ich bin der Ochs.
6. Spieler: Ich bin Maria. Heute nacht wurde mein Kind geboren.
Es heißt Jesus.
7. Spieler: Ich bin Josef. Ich gebe acht, daß Maria und dem Kind nichts geschieht.
8. Spieler: Ich bin der Stern und stehe über dem Stall.
9. Spieler: Ich bin der Engel. Ich habe die Hirten geweckt.
10. u. 11. Spieler: Wir sind die Hirten. Wir sehen den Stern.
Wir sehen den Stall. Jetzt wollen wir Jesus sehen.
12. u. 13. Spieler: Wir sind die Könige. Wir kommen von weit her.
Wir bringen Geschenke für den König der Welt.
6. Spieler: Das ist das Kind in der Krippe. Es ist Gottes Sohn.
Es ist der König der Welt. Es heißt Jesus.

Sie deutet vor sich in die Krippe.

Alle: Wir wollen beten!
Wir wollen das Kind anbeten.
Wir wollen für das Kind beten.

Sie knien nieder und beten.

Vater: Wir können auch ein Lied singen und dazu ein Krippenspiel spielen.
Hanne: Und sind dann auch alle dabei? Die Hirten und die Könige?
Christian: Ich spiele am liebsten einen Wirt im Gasthaus.
Mutter: Es können alle mitspielen. Zu dem Lied ziehen Maria und Josef im Kreis herum.
Sie bleiben vor den Gasthäusern stehen und werden weitergeschickt,
bis sie zu dem Stall kommen.
Vater: Dann setzen sie sich zur Krippe. Nach und nach kommen alle anderen herbei
und stellen sich um die Krippe herum.
Hanne: Auch die Engel?
Christian: Natürlich auch die Engel! Sie haben die Hirten ja zur Krippe geschickt.
Sie müssen jetzt auch dabei sein.

Der Weg zur Krippe

Text: Rolf Krenzer * Melodie: Paul G. Walter

aus: MC „Wir feiern den Advent“ – PGW 026/1990

Ein kleines musikalisches Krippenspiel

83

2. Der Weg war weit, der Weg war schwer.
Seht her, Maria kann nicht mehr!
Nein! Nein! Nein!
Ihr kommt nicht herein!
Geht weiter! Geht weiter!
Ein Stall soll es sein!

3. Der Weg war weit, der Weg war schwer.
Im Stall geboren ist der Herr.
Ja! Ja! Ja!
Ihr wißt, was geschah!
Kommt näher! Kommt näher,
denn Jesus ist da!

4. Der Weg war weit, der Weg war schwer.
Es kommen viele zu ihm her.
Ja! Ja! Ja!
Gott ist uns so nah!
Kommt näher! Kommt näher,
denn Jesus ist da.

Zu dem Lied ziehen Maria und Josef im Kreis herum. Sie halten vor den Gasthäusern an und werden weitergeschickt, bis sie zu dem Stall kommen. Sie setzen sich zur Krippe, und nach und nach kommen alle herbei und stellen sich um die Krippe herum.
Zu dem Spiel können auch Häuser aus Pappe oder Holz hergestellt werden, aus denen jeweils ein Mitspieler heraustritt und Maria und Josef weiterschickt.

Vater: Alle sind sie zur Krippe gekommen. Die Hirten und viele Leute aus Bethlehem.
Christian: Und viele Kinder!
Vater: Natürlich! Sie waren wohl die allerersten, die es begriffen haben, was damals geschehen ist.
Hanne: Wenn das heute wäre, ich wäre auch zuallererst da!
Vater: Und würdest du dem Christkind was schenken?
Hanne: Etwas, über das es sich freut!
Mutter: Vielleicht etwas, worüber es lacht!

Da lacht das Christkind

Text: Elke Bräunling * Melodie: Paul G. Walter
© 1990 Musikbär Verlag Schriesheim,
aus: MC „Wir feiern den Advent" – PGW 026 / 1990

84

2. Schön rund auf einem weißen Bogen
mal' ich ihm einen Regenbogen
mit bunten Farben drauf.
Da lacht das Kind hellauf.

3. Den Weihnachtsstern aus Schokolade
verziere ich mit Marmelade
und Glitzerglanzpapier.
Das Kind lacht froh zu mir.

4. Aus Lebkuchen drei große Herzen
und dazu leuchtend rote Kerzen
leg' ich ihm auf den Bauch.
Da lacht das Christkind auch.

5. 'nen Luftballon drück' ich am Ende
dem Kind in seine kleinen Hände
und sing' dazu ein Lied.
Vielleicht lacht es dann mit!

Christian: Ich würde einfach nur hingehen. Egal, ob ich was für das Kind habe oder nicht.
Hanne: Man kann es ihm ja auch noch später schenken.
Christian: Ich glaube, jeder von uns würde zum Stall laufen.
Hanne: Wir wissen ja auch heute viel mehr als damals.

Vater: Damals sind auch viele gekommen.
Mutter: Und in der Adventszeit gehen wir wieder zur Krippe.
Vater: Ja, wir bereiten uns darauf vor, daß wir die Ankunft des Kindes in der Krippe feiern.
Hanne: Weihnachten hat Jesus Geburtstag!
Christian: Hanne, das stimmt! Das stimmt wirklich!

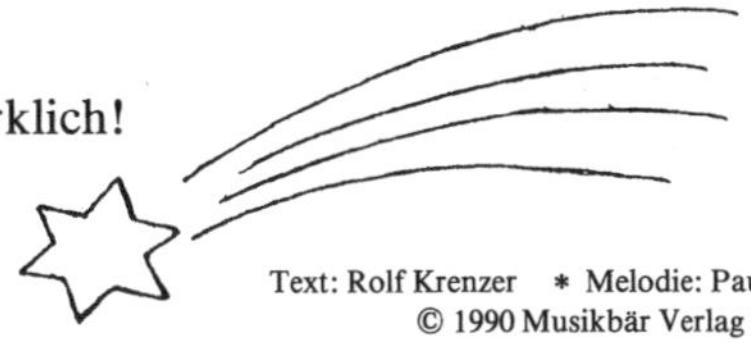

Jeder will zum Stall hingehn

Text: Rolf Krenzer * Melodie: Paul G. Walter

aus: MC „Wir feiern den Advent" – PGW 026/1990

85

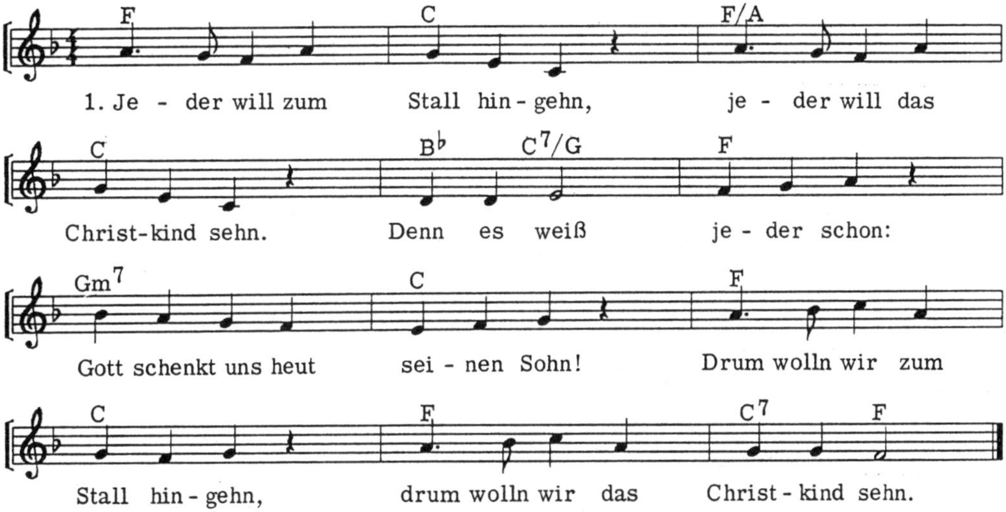

2. Jeder will zum Stall hingehn,
jeder will das Christkind sehn.
Auf dem Stroh liegt es hier.
Ja, da freut sich Mensch und Tier.
Drum wolln wir zum Stall hingehn,
drum wolln wir das Christkind sehn.

3. Jeder will zum Stall hingehn,
jeder will das Christkind sehn.
Auf dem Stroh arm und klein.
Kommt herzu und tretet ein!
Drum wolln wir zum Stall hingehn,
drum wolln wir das Christkind sehn.

4. Jeder will zum Stall hingehn,
jeder will das Christkind sehn.
Singt und spielt, tanzt und lacht,
weil das Kind uns glücklich macht.
Drum wolln wir zum Stall hingehn,
drum wolln wir das Christkind sehn.

Hanne: Wir haben die Könige vergessen!
Mutter: Die sind ganz wichtig!
Schließlich haben sie ja eine lange Reise gemacht, um zu dem Kind zu kommen!
Vater: Ein Stern hat sie geführt!
Christian: Deshalb basteln wir so viele Sterne zu Weihnachten!

Hanne: Ja, deshalb!
Mutter: Kennt ihr das Märchen vom kleinen Stern aus der Milchstraße?
Vater: Bitte, erzähl es uns!

Mutter: **Das Märchen vom kleinen Stern aus der Milchstraße**

„Wie gerne würde ich einmal auf der Erde leuchten", dachte der kleine Stern aus der Milchstraße. Er sah zu den anderen Sternen hinüber, die im Sternengefunkel der Milchstraße miteinander um die Wette strahlten.
„Hier wird mein Licht nicht gebraucht!" brummte er.
Doch wie sollte er zur Erde gelangen? Das war nicht einfach! Der kleine Stern seufzte.
„Ach, wenn doch nur ein Wunder geschähe!"

Eines Tages hörte er ein leises Weinen. Der kleine Stern erschrak. Kam das von der Erde?
Da fiel sein Blick wie von selbst auf ein Mädchen. Es saß in einer dunklen Gasse auf der Bordsteinkante vor einem bunten gelben Papierknäuel und weinte.
„Mein schöner Stern!" schluchzte es. „Nun ist er kaputt! Und ich wollte mit dem Stern beim Krippenspiel vor den drei Königen herziehen. Ein richtiger Dreikönigszug sollte es werden!"
Dreikönigszug? Das klang ja wie Sternenzug!
Der kleine Stern blinzelte.
Da hob das Mädchen den Kopf. „Ach", sagte es, „wenn doch ein Wunder geschähe!" Ein Wunder? Der kleine Stern wußte nicht, wie ihm geschah, und eins, zwei, drei lag er in der dunklen Gasse neben dem zerfetzten Papierstern.
Das Mädchen staunte.
Ein wunderschöner Stern lag vor ihm, der hell funkelte und strahlte.
Das Mädchen jubelte.
Schnell hob es den wunderschönen Stern auf und rannte los.
Es wollte doch pünktlich sein, wenn das Krippenspiel anfing.

Christian: Die Könige brauchen auch ein Lied.
Hanne: Ein ganz besonders schönes.
Vater: Die Könige oder die Sternsinger gehen zu dem Lied im Kreis herum. Einer geht vor ihnen her und trägt einen Stern an einem langen Stock. Nach einer Strophe bleiben sie stehen, und die Spieler im Kreis singen: „Leider, leider ist's nicht hier!"
Mutter: Dann bedanken sich die Könige. Sie singen „Weiter, weiter ziehen wir!" Und sie ziehen weiter im Kreis herum. Zum Schluß bleiben sie vor der Krippe stehen.
Vater: Dann kommen alle anderen hinzu und stellen sich im Kreis um die Krippe auf.

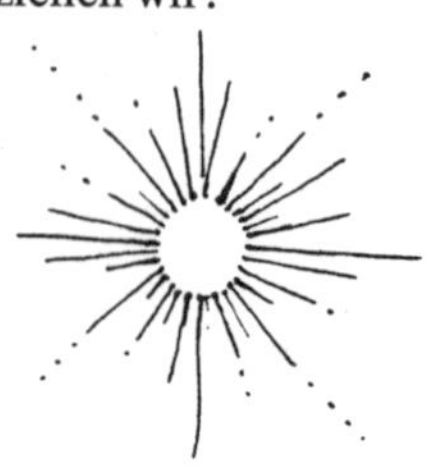

Hanne: Und dann können alle das Lied noch einmal singen.
Vater: Oder nur die letzte Strophe.

Die drei Könige kommen

Text: Rolf Krenzer * Melodie: Paul G. Walter

aus: MC „Wir feiern den Advent" – PGW 026/1990

86

Vater: Wißt ihr eigentlich, wo das allererste Weihnachtslied gesungen wurde?
Hanne: Die Engel haben es gesungen. Auf dem Feld bei den Hirten.
Christian: Vielleicht haben auch alle Leute im Stall an der Krippe gesungen.
Vater: Ich will euch die Legende von dem ersten Weihnachtslied erzählen. Es hat auch etwas mit den drei Königen zu tun!

Die Legende vom ersten Weihnachtslied

Damals, als die drei Könige den Stern am Himmel erblickt hatten, der von der Geburt des Königs des Himmels und der Erde erzählte, da machten sie sich gleich auf, um zu ihm zu reisen und ihn anzubeten. Und weil sie diesem neugeborenen König große Ehre erweisen wollten, deshalb nahmen sie auch kostbare Geschenke für ihn mit.
Der Weg war weit. Doch sie vertrauten dem Stern, der ihnen nachts deutlich zeigte, wohin sie gehen mußten.
So kamen sie endlich auch in Betlehem an und standen dann in dem Stall um die Krippe herum und mußten erkennen, daß Gottes Sohn, der König des Himmels und der Erde, hier im Stroh in einer Futterkrippe lag. Ein winziges Kind, um das sich Maria und Josef sorgten, und zu dem die Ärmsten der Armen gekommen waren, um es zu begrüßen und anzubeten.
Umständlich packten die drei Könige die Geschenke aus, die sie dem Kind mitgebracht hatten: Gold, Weihrauch und Myrrhe. Aber als sie dann das kleine Kind in der Krippe anschauten, da wußten sie wohl, daß das Kind jetzt nichts, aber auch rein gar nichts damit anfangen konnte. Was soll schon ein Säugling mit Gold, Weihrauch oder Myrrhe anfangen?
Doch die Könige waren nicht nur klug und weise, sondern hörten auch auf das, was ihnen ihr Herz sagte. Wie hätten sie sonst den Stern am Himmel erkennen und deuten können!
So luden sie ihre kostbaren Schätze in einem Winkel im Stall ab und beugten sich dann über die Krippe. Der erste

König strich dem Kind zart über den Kopf und sagte ihm, wie sehr sie sich alle freuten, daß nun der König des Himmels und der Erde hier vor ihnen lag. Der zweite König hob das Kind aus seiner Krippe heraus, drückte es an sich und streichelte es ganz zart. Der dritte König aber nahm es auf seinen Arm, schaukelte das Kind ganz leicht und behutsam hin und her und begann dazu leise zu singen. Bald sangen auch die beiden anderen mit.
Und so sangen sie in dem Stall dem Kind ein Lied, das davon erzählte, wie sehr sich alle über dieses Kind freuten. Die Melodie und der Gesang der drei waren aber so schön, daß bald auch Maria und Josef und alle, die im Stall dabei waren, leise mitsangen. Und das Kind auf dem Arm des dritten Königs lächelte, weil es spürte, wie lieb sie alle es hatten.
So haben die Könige einst im Stall von Betlehem das erste Weihnachtslied gesungen. Das war ihr Geschenk, und es machte alle im Stall froh.
Bis zum heutigen Tag singen wir Weihnachtslieder, weil wir uns so sehr wie die drei Könige damals freuen.

Christian: Schade, daß nach Weihnachten alles schon wieder vorbei ist.
Hanne: Das ganze Freuen auf Weihnachten!
Christian: Und das Krippenspiel.
Vater: Aber das mit den drei Königen ist noch lange nicht vorbei. Am sechsten Januar gehen die Sternsinger herum. Und das sind wieder die drei Könige.
Christian: Dann können wir ja auch das Sternsingerlied noch beim Krippenspiel singen.
Hanne: Und wir können es nach Weihnachten immer noch singen!

Sternsingerlied

Text: Rolf Krenzer * Melodie: Paul G. Walter

aus: MC „Wir feiern den Advent" – PGW 026/1990

87

2. Wer singt vor meiner Tür?
Wer singt vor meiner Tür?
Die Sternsinger mit ihrem Stern,
die wollen heut zu dir
und stehen vor der Tür
und singen vor der Tür.

3. Drum öffnet schnell die Tür!
Drum öffnet schnell die Tür!
Die Sternsinger mit ihrem Stern,
die wollen heut zu dir
und stehen vor der Tür
und singen vor der Tür.
Sie segnen jeden hier
im Haus und an der Tür.

4. Was wollt ihr denn dafür?
Was wollt ihr denn dafür?
Daß jedes Kind auf dieser Welt
so leben kann wie ihr!
Gebt, was ihr könnt, dafür!
Drum stehn wir vor der Tür
und singen vor der Tür
und wollen heut zu dir
und bitten jeden hier,
und bitten jeden hier!

5. Wir danken dir dafür!
Wir danken euch dafür!
Die Sternsinger mit ihrem Stern,
die segnen jeden hier
und danken euch dafür
und gehn zur nächsten Tür
und singen vor der Tür,
und singen vor der Tür.

Die im Dunkeln stehn – Kanon

Text: Rolf Krenzer * Kanon: Paul G. Walter

aus: MC „Wir feiern den Advent" – PGW 026/1990

88

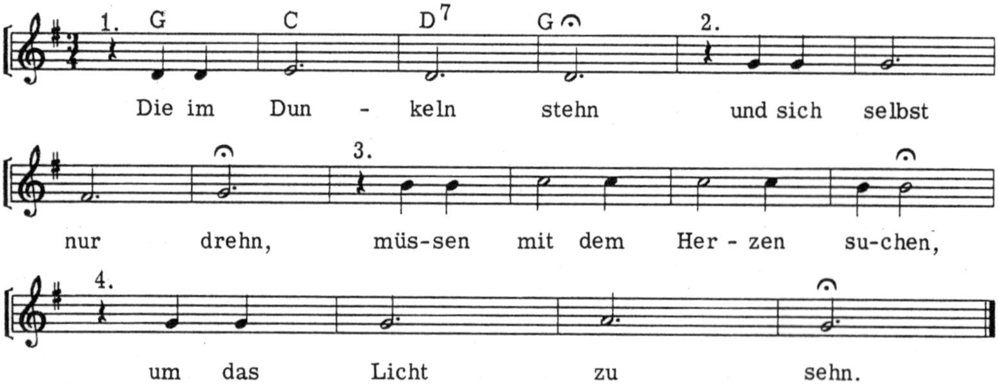